TERAPIA DE ACEPTACIÓN Y COMPROMISO

MENGUAR LOS SENTIMIENTOS DOLOROSOS Y CREAR UNA VIDA RICA, PLENA Y SIGNIFICATIVA

BY JAVIER PERREIRO

CAPÍTULO 1

INRODUCCIÓN A LA TERAPIA DE ACEPTACIÓN Y COMPROMISO

Introducción

La Terapia de Aceptación y Compromiso (ACT) es una terapia de comportamiento basada en la Teoría del Marco Relacional (RFT). El principio principal de la RFT es que los eventos privados mediados verbalmente no se comportan directamente influence comportamiento, sino que lo hacen a través del contexto en el que se producen. A diferencia de las terapias de conducta tradicionales, la TRC intenta modificar la relación con los eventos privados negativos (como los pensamientos y sentimientos) en lugar del contenido de dichos pensamientos o la presencia de sentimientos (Hayes, Strosahl y Wilson, 1999). El ACT afirma que las relaciones con los eventos privados negativos, caracterizados por la evasión y la supresión, aumentan la frecuencia y la importancia funcional de los pensamientos y sentimientos que se están evitando. Sobre la base de los principios del ACT, se cree que esta lucha con los acontecimientos privados no deseados causa angustia psicológica y sustenta la psicopatología (Hayes, Masuda y De Mey, 2003). El enfoque terapéutico del ACT consiste en cambiar la función de los pensamientos y sentimientos negativos modificando las respuestas a estas experiencias privadas. Esto se logra aprendiendo a dejar de lado los intentos de controlar y evitar los acontecimientos privados no deseados, centrándose en el presente, aclarando los valores y asumiendo un compromiso de acción coherente con esos valores (Hayes, 2004; Pankey y Hayes, 2003).

ACT propone que estos cambios se efectúen a través de seis procesos teóricos defined (Hayes y otros, 1999; Hayes, Strosahl y Wilson., 2012; Hayes, Villatte, Levin y Hildebrandt, 2011). "Aceptación" es la disposición a experimentar eventos privados con una actitud de curiosidad, desentendiéndose de los intentos de cambiar su frecuencia o forma, y hacer espacio para su ocurrencia. La "Defusión" tiene como objetivo cambiar la forma en que uno se relaciona o interactúa con los pensamientos y los eventos privados no deseados. La "Defusión" apunta al enredo con eventos privados no deseados (por ejemplo, los pensamientos son la realidad literal) cambiando la función, en lugar del contenido o la frecuencia. Estas experiencias pasan a considerarse como mera actividad mental, lo que reduce el impacto en las respuestas de comportamiento. Empleando el control de la atención, el "contacto con el momento presente" promueve la atención a los acontecimientos ambientales y psicológicos a medida que se producen, en el aquí y ahora. Esta experiencia directa con el mundo reduce el influence de las experiencias pasadas y futuras que pueden afectar el comportamiento, permitiendo más flexible comportamientos que son consistentes con los valores. "El yo como contexto" es la capacidad de considerarse a sí mismo como una cuestión de perspectiva consistente, experimentando una variedad de emociones, pensamientos, comportamientos y experiencias. Esto permite que las experiencias privadas se consideren como distintas de uno mismo y, como tales, tengan menos impacto y se perciban como menos amenazantes. La aceptación, la defusión, el contacto con el momento presente y el yo como contexto se emplean para trabajar hacia una vida más significativa, valorando la coherencia de la vida. En ACT, el trabajo sobre "valores" tiene por objeto aclarar los valores, defined como creencias libremente elegidas que se refuerzan intrínsecamente, en lugar de metas, que son objetivas y obtenibles. "Acción comprometida" tiene como objetivo fomentar un comportamiento acorde con estos valores, a pesar de la presencia de síntomas u otros eventos internos. Es probable que este cambio de comportamiento dé lugar a barreras psicológicas, que se abordan mediante los procesos de ACT (Hayes y otros, 1999; Hayes, Luoma, Bond, Masuda y Lillis, 2006; Hayes y otros, 2012).

Aunque todos los procesos de ACT están relacionados, cada uno de ellos está interrelacionado con un proceso más que con otros. Tanto la aceptación como la defusión tienen por objeto socavar la relación literal de la persona con el lenguaje (por ejemplo, pensamientos o voces no deseados) y apoyar la apertura a la experiencia directa. El yo como contexto y el contacto con el momento presente implican un menor apego a la propia historia (el yo conceptualizado) y un mayor contacto con el aquí y el ahora. Los valores y la acción comprometida implican la elección de actuar de acuerdo con los propios valores. Estas relaciones se han descrito recientemente como estilos de respuesta de tres procesos: abierto (aceptación-defusión), centrado (contacto con el yo presente como contexto) y comprometido (acción comprometida con los valores). Estos estilos de respuesta funcionan conjuntamente para contribuir a la flexibility psicológica (Hayes et al., 2012). El flexibility psicológico es defined como la capacidad de contactar con el momento presente y cambiar o persistir en un comportamiento acorde con los valores, que se cree que mejora el funcionamiento psicológico (Hayes et al., 2012; Hayes, 2004; Hayes et al., 1999). El TCA se ha aplicado a una serie de afecciones clínicas (Hayes y otros, 2006), entre ellas el uso de sustancias, el dolor crónico, la depresión, el control de la diabetes y la fobia social (Block y Wulfert, 2000; Gregg, Glenn, Callaghan, Hayes y Glenn-Lawson, 2007; Hayes y otros, 2004; Dahl, Wilson y Nilsson, 2009; Zettle y Raines, 1989) y, más recientemente, a la psicosis (Bach y Hayes, 2002; Gaudiano y Herbert, 2006a). En el caso de las personas diagnosticadas con esquizofrenia y trastorno esquizoafectivo, la TCC tiene pruebas claras para efficacy (Wykes, Steel, Everitt y Tarrier, 2008) y es el tratamiento psicológico recomendado como complemento del tratamiento antipsicótico por las directrices de la práctica clínica actual (NICE, 2010; Kreyenbuhl, Buchanan, Dickerson y Dixon" 2010). Sin embargo, a pesar de su éxito, entre el 30 y el 50% no significantly benefit de CBT (Emmelkamp, 2004; Garety, Fowler y Kuiper's, 2000), lo que sugiere la necesidad de enfoques alternativos. Actualmente se están acumulando pruebas de que la TCA puede ser beneficially aplicada a la psicosis. Dos ensayos controlados aleatorios de intervenciones breves de TCA para pacientes hospitalizados con síntomas positivos de psicosis encontraron un 50% menos de rehospitalizaciones en comparación con los controles, y una mejora en el funcionamiento social (Gaudiano y Herbert, 2006a). Se encontró que una reducción en la credibilidad de los pensamientos no deseados mediaba el impacto del tratamiento (Bach y Hayes, 2002). Un ensayo piloto centrado en la recuperación emocional de nuestros pacientes (en lugar de la persistencia de los síntomas) después de un episodio psicótico agudo mostró mejoras en los síntomas negativos de la psicosis y la depresión, y la reducción de los contactos de crisis (White et al., 2011). Un estudio más reciente evaluó el efficacy de una intervención de TCC basada en la aceptación para alucinaciones de mando, "Tratamiento de alucinaciones de mando resistentes" (TORCH), en comparación con Befriending (intervención de control) (Shawyer et al., 2012). Este ECA no tuvo suficiente potencia y no mostró diferencias entre los grupos en las variables de interés. Sin embargo, los grupos de terapia combinada mostraron mayor benefits en comparación con el grupo en lista de espera en la mitad de las medidas de resultado, lo que sugiere que ambas terapias pueden haber sido eficaces. Las comparaciones dentro de los grupos mostraron significant pero efectos muy diferentes tanto para TORCH como para Befriending, con TORCH mostrando benefits en una gama más amplia de resultados. Los resultados sugieren que TORCH y Befriending funcionan de diferentes maneras. El grupo TORCH tuvo significant mejoras en las alucinaciones auditivas generales, en la gravedad de la enfermedad, en el funcionamiento global y en la calidad de vida, mientras que el grupo Befriending experimentó significant mejoras en las alucinaciones de mando y en la angustia. Curiosamente, no se encontraron diferencias en las medidas de proceso (aceptación). Los pacientes informaron de benefit de ambas terapias, aunque TORCH fue calificada como significantly más beneficial (Shawyer et al., 2012). Si bien es prometedor, es necesario seguir investigando para aclarar el efficacy de TORCH para la psicosis. Un ECA actual está investigando el efficacy del TCA para personas con síntomas psicóticos positivos resistentes a los medicamentos (Farhall, Shawyer y Thomas, 2010). El estudio actual comprende un componente de este programa de investigación.

Los meta-análisis han establecido la eficacia general de la ACT (Öst, 2008; Powers, Zum Vorde Sive Vording y Emmelkamp, 2009); sin embargo, las limitaciones metodológicas de la investigación de la ACT han sido objeto de críticas. Entre ellas se encuentran la fiabilidad y la validez de las medidas de resultados, las comprobaciones de la observancia del tratamiento y la fiabilidad del diagnóstico, entre otras, cuando se compara la TCA con los ensayos clínicos aleatorios de TCC emparejados (Öst, 2008). Gaudiano (2009) argumenta que es apropiado emparejar los estudios del tratamiento establecido de la TCC con la base de investigación de la TCA, que es nativamente joven. El debate actual en la literatura enfatiza la necesidad de una investigación continua en el modelo de TCA. Los procesos de cambio y la eficacia de los componentes de la terapia también han sido objeto de una considerable investigación (Hayes et al., 2006). Los análisis de procesos han vinculado los componentes de la ACT (aceptación y defusión) y la psicología flexibility con el aumento de la aceptación relacionada con el comportamiento y el resultado en problemas como la ansiedad, la tolerancia al dolor y la angustia por el tinnitus (Hayes y otros, 2006; Hayes, Orsillo y Roemer, 2009; Hesser, Westin, Hayes y Anderson, 2009; McCracken y Gutérrez-Martínez, 2011); sin embargo, el pequeño número de estudios sobre la psicosis ha limitado la investigación de los procesos para esa población.

La medición de las variables de constructo del TCA presenta un desafío en la investigación de procesos de TCA. La medida dominante, el Cuestionario de Aceptación y Acción (AAQ), fue diseñado para medir la evitación experimental. Dentro del modelo ACT, la evitación y aceptación experiencial ha sido defined más ampliamente como flexibility psicológico. El AAQ revisado (es decir, AAQ-II) mide el mismo constructo con propiedades psicométricas mejoradas y parece medir un solo constructo de flexibility psicológico (Bond et al., 2011). Sería interesante entender qué procesos son más o menos activos en la contribución al flexibility psicológico.

Un énfasis reciente en los procesos de valores es alentador; al tener los valores un papel mediador en la ACT, lo que sugiere, al menos, que clarification de valores contribuye al cambio. La acción basada en valores se ha medido típicamente utilizando la AAQ (con la acción basada en valores como un factor que carga al flexibility psicológico como un factor de segundo orden) (Hayes et al., 2006). Sin embargo, la AAQ parece estar más relacionada con la acción comprometida (por ejemplo, "Mis pensamientos y sentimientos no se interponen en el camino de cómo quiero vivir mi vida" (Bondetal, 2011).Specific También se han utilizado cuestionarios de valores, aunque éstos suelen consistir en valores predeterminados (Hayes et al., 2009; Vocales, McCracken y Eccleston, 2008). Esta restricción puede dar lugar a que se aprueben dominios debido a la conveniencia social más que a la pertinencia e importancia. La atención plena promueve el "contacto con el momento presente" sin juicios de valor y el control de la atención, y de una forma u otra es fundamental en otras terapias (por ejemplo, MBCT, MBSR, DBT) (Milton y Ma, 2011). Estudios recientes han demostrado la viabilidad y el valor del desarrollo de las habilidades de atención para las personas que viven con psicosis (Abba, Chadwick y Stevenson, 2008; Chadwick, Hughes, Russell, Russell y Dagnan, 2009), incluso mediante una terapia individual de ACTp (Whiteetal, 2011). En el contexto de la ACTp, la atención facilita muchos procesos, entre ellos la aceptación, la defusión, el autocontexto y el contacto con el momento presente (Fletcher y Hayes, 2005; Hayes et al., 2006). Sólo un estudio ha investigado la atención plena como componente de la ACTp: Whiteetal. (2011) informó de que la atención plena se correlacionaba con una disminución de las puntuaciones de la depresión posterior a la terapia tras la psicosis. La credibilidad como sustituto de la defusión se ha utilizado en la investigación durante algún tiempo, con una reducción de la credibilidad que media en los efectos del tratamiento (Zettle y Hayes, 1986; Hayes, et al., 2006; Zettle, Rains y Hayes, 2011). La credibilidad como medida de defusión también se ha utilizado en la psicosis. Un estudio formal de mediación (Gaudiano, Herbert y Hayes, 2010) confirmed antes findings (Bach y Hayes, 2002; Gaudiano y Herbert, 2006b) que la credibilidad de las alucinaciones mediaron el impacto de la terapia, en la reducción de la angustia relacionada con las alucinaciones. Las técnicas de aceptación y defusión proporcionan un medio para reducir la preocupación y la angustia asociadas a los síntomas de la psicosis (McLeod, 2008) y pueden ser importantes para reducir la capacidad de creer en las alucinaciones en la psicosis y mejorar el cambio de comportamiento. Sin embargo, existe cierta incertidumbre sobre la validez de la capacidad de creencia como medida de defusión de las experiencias psicóticas. Los investigadores sugieren que la credibilidad puede estar aprovechando la perspicacia, es decir, si la experiencia psicótica se percibe como generada por uno mismo o por otros, en lugar de la credibilidad de los pensamientos y creencias experimentados internamente (Farhall, Shawyer, Thomas y Morris, en prensa). Farhall y otros (en prensa) sugieren que preguntar sobre la verdad de los síntomas psicóticos atribuidos externamente puede no indicar flexibility en el pensamiento sino en la perspicacia, y sugieren el desarrollo de una medida de la credibilidad de los pensamientos y creencias experimentados internamente y la valoración asociada a los síntomas psicóticos positivos. Alternativamente, las alucinaciones y los delirios podrían considerarse un ejemplo de fusión completa, en que se pierde toda conciencia del propio pensamiento. En este caso, la verosimilitud podría considerarse una medida de fusión, disponiéndose de medidas actuales de convicción de las creencias. Dada la naturaleza de los acontecimientos privados en la psicosis (alucinaciones y delirios) la medición de los procesos de ACT requiere más clarification, en particular para esta población.

CAPÍTULO 2

Significado de la aceptación y el compromiso Terapia

Significado

La terapia de aceptación y compromiso (ACT, típicamente pronunciada como la palabra "actuar") es una forma de asesoramiento y una rama del análisis clínico del comportamiento. Es una intervención psicológica con base empírica que utiliza estrategias de aceptación y atención mezcladas de diferentes maneras con estrategias de compromiso y cambio de comportamiento, para aumentar la flexibilidad psicológica. El enfoque fue originalmente llamado distanciamiento integral. Steven C. Hayes desarrolló la Terapia de Aceptación y Compromiso en 1982 para crear un enfoque mixto que integrara tanto la terapia cognitiva como la conductual. Hay una variedad de protocolos para la ACT, dependiendo de la conducta o el entorno objetivo. Por ejemplo, en las áreas de salud conductual, una versión breve de la ACT se llama terapia de aceptación y compromiso enfocada (FACT, por sus siglas en inglés).

El objetivo de la ACT no es la eliminación de sentimientos difíciles; más bien, es estar presente con lo que la vida nos trae y "avanzar hacia un comportamiento valorado". La terapia de aceptación y compromiso invita a las personas a abrirse a los sentimientos desagradables, y a aprender a no reaccionar de forma exagerada ante ellos, y a no evitar las situaciones en las que se les invoca. Su efecto terapéutico es una espiral positiva en la que sentirse mejor conduce a una mejor comprensión de la verdad. En la ACT, la "verdad" se mide a través del concepto de "factibilidad", o lo que funciona para dar un paso más hacia lo que importa (por ejemplo, los valores, el significado).

Desarrollado por Hayes a finales de los 80, el ACT surgió de los enfoques conductistas de la terapia. La terapia de conducta se conceptualiza dentro de tres categorías o "generaciones" correspondientes que incluyen: terapia de conducta; terapia cognitiva conductual (TCC) y la "tercera generación" o "tercera ola" de terapia de conducta. La TCC se basa en el conductismo, pero se sustenta en el análisis de los procesos cognitivos. A la luz de la creciente evidencia empírica, se ha intentado clasificar la ACT por derecho propio como un modelo distinto y unificado de cambio de comportamiento vinculado a la "ciencia del comportamiento contextual". Esta tercera ola de conductismo apoya la apertura y la aceptación de los eventos psicológicos, incluyendo aquellos que tradicionalmente se perciben como negativos o irracionales. El propósito principal del ACT es animar a los individuos a responder a las situaciones de manera con-atractiva, mientras que simultáneamente negocian y aceptan los eventos cognitivos desafiantes y los sentimientos correspondientes, en lugar de reemplazarlos. Una característica clave del ACT es el énfasis en la noción de que los comportamientos y las emociones pueden existir de forma simultánea e independiente. El ACT anima al individuo a aceptar e integrar en sus experiencias vividas respuestas afectivas desafiantes y a reconocer y eliminar las di- mensiones controladoras que las situaciones contextuales específicas ejercen sobre él. ACT se sustenta en el contextualismo funcional, una posición filosófica pragmática que reconoce que los acontecimientos psicológicos (que abarcan la cognición, las respuestas afectivas y el comportamiento) están influidos por los antecedentes dentro de un contexto específico. Según Hayes, "... los componentes básicos del contextualismo funcional son a) la atención a todo el acontecimiento, b) la sensibilidad al papel del contexto en la comprensión de la naturaleza y la función de un acontecimiento, c) el énfasis en un criterio de verdad pragmático, y d) los objetivos científicos específicos contra los que aplicar el criterio de verdad". En el ACT se rechaza un enfoque reduccionista de la terapia que se centra únicamente en el análisis del comportamiento "disfuncional", en lugar de situar las respuestas conductuales comunes dentro de una posición histórica y contextual. El enfoque utiliza La teoría del marco relacional (RFT), una teoría analítica del comportamiento humano que sirve para explicar la compleja interacción de los procesos de pensamiento con los comportamientos. La RFT proporciona un marco conceptual para entender "... la habilidad aprendida de relacionar arbitrariamente eventos, mutuamente y en combinación, y de cambiar las funciones de los eventos basados en estas relaciones". Según el RFT, los procesos de inadaptación se producen como resultado de que el individuo evita "eventos privados" (procesos cognitivos y respuestas afectivas) basados en su valoración negativa de estos eventos. A medida que el individuo se involucra en el TCA aprende a integrar estos eventos privados, a consolidar los valores personales y a adoptar nuevas formas de comportamiento. Un supuesto clave del ACT es que los procesos psicológicos en la mayoría de los individuos tienen el potencial de ser destructivos, en contraste con la opinión predominante en Occidente de que, fundamentalmente, los humanos son seres psicológicamente sanos. A diferencia de los enfoques cognitivo-conductuales que refuerzan la interacción dinámica entre la cognición, la conducta y el afecto y el enfoque en reemplazar los procesos de pensamiento inadaptados con cogniciones más saludables, la ACT enseña a los individuos a "sólo notar", aceptar y abrazar las experiencias privadas y enfocarse en las respuestas conductuales que producen resultados más deseables. A través de este proceso se anima al individuo a ejercitar una flexibilidad psicológica en pliegues, recurriendo a valores personales que conducen a una acción significativa. El acrónimo MIEDO se utiliza a veces en el ACT para destacar las variables clave asociadas con el desequilibrio psicológico: Fusión de pensamientos; Evaluación de la experiencia; Evitar la experiencia; y Razonar el comportamiento. Inherente a la práctica del ACT hay un número de habilidades de atención que incluyen: - Aceptación de pensamientos y emociones; - Desfusión cognitiva que implica el desarrollo de una conciencia precisa de los pensamientos y emociones; - Conciencia del momento siendo abierto y receptivo; y - Observación de sí mismo. Al centrarse en la aceptación e integración de los acontecimientos privados en lugar de "extinguir" los patrones de pensamiento inadaptados, estas técnicas de ACT reducen afectivamente el autoestigma que a menudo actúa como una barrera para que el cliente se comprometa con la terapia. 3. Las técnicas terapéuticas comunes a los enfoques de la terapia ACT sirven para contrarrestar los efectos negativos de evitar el contenido afectivo, la influencia de las respuestas dogmáticas literales a la presentación de los temas cognitivos y el fracaso en el compromiso de los cambios de comportamiento. Al igual que la terapia cognitivo-conductual, el proceso ayuda a facilitar los cambios en el diálogo interno del individuo o en sus autoconversaciones y en su comportamiento verbal. El terapeuta anima al individuo a abrazar sus sentimientos, dado que negar o luchar contra las respuestas afectivas negativas puede ser contraproducente para la salud psico-lógica.

Inicialmente, el terapeuta ayuda al individuo a aclarar los desafíos del mundo del individuo que puede superar y aquellos que necesita aceptar como una parte continua de su experiencia vivida. De acuerdo con Hayes, siete procesos centrales son inherentes a la práctica de la ACT. Estos incluyen: 1) Confrontar el sistema: el terapeuta ayuda al individuo a examinar las estrategias que ha adoptado para intentar superar el problema que se le presenta y "... desafiar el conjunto lingüístico que define tanto los problemas como sus soluciones, porque ese conjunto se considera en sí mismo un problema" 2) Reconocer el control como el problema: el terapeuta ayuda al individuo a comprender que, en términos de acontecimientos privados (pensamientos y sentimientos), las estrategias de control a menudo pueden exacerbar los mismos pensamientos y sentimientos que el individuo está tratando de manejar. El ACT reconoce que los sistemas de resolución de problemas se basan en reglamentos construidos socialmente y centrados lingüísticamente. El terapeuta ayuda al individuo a ver que el cumplimiento de esas normas puede crear la fuente del problema del individuo. 3) Identificar la defusión cognitiva y la atención plena: el terapeuta facilita el proceso de ayudar al individuo a lograr la defusión cognitiva como un medio para fomentar una mayor flexibilidad en las respuestas de comportamiento. Esto implica ayudar al individuo a mejorar los impactos negativos de los pensamientos, en lugar de intentar adaptar o reemplazar su contenido y frecuencia reduciendo la importancia. 4) Desarrollando un sentido trascendente de sí mismo - el terapeuta involucra al individuo en experiencias que lo ayudan a moverse a una posición de trascendencia personal como medio para separarse momentáneamente de la experiencia desafiante para explorar más objetivamente las sensaciones físicas, las respuestas emocionales, los recuerdos y los patrones cognitivos. 5) Promover la aceptación y la buena voluntad - el terapeuta ayuda a promover que el individuo abrace plenamente sus experiencias en el aquí y ahora. 6) Aclaración de los valores: como parte del proceso terapéutico, el terapeuta alienta al individuo a desarrollar una mayor conciencia de los valores que le son importantes como medio para motivar la aceptación, la voluntad y la acción comprometida que ayude al individuo a tomar el control de su vida. 7) Establecimiento del compromiso-un proceso culminante en la ACT es el descarte de la evitación experiencial y la fusión cognitiva y el establecimiento de respuestas conductuales comprometidas que son congruentes con los valores identificados del individuo y que sirven para empoderarlos. Eifert y Forsyth encapsulan las etapas clave inherentes al ACT, a través de la delineación de tres pasos terapéuticos distintos que incluyen: 1) La aceptación de los pensamientos y sentimientos como medio para eliminar los desafíos asociados con la reducción, modificación o rechazo de las influencias cognitivas o afectivas. 2) Elegir direcciones futuras que se alineen con los objetivos del individuo y los valores subyacentes. 3) Tomar medidas a través del proceso de comprometerse con las áreas identificadas del mundo del individuo que requieren un cambio. 4.

Eficacia de la ACT: Tratamiento; Reducción del estigma; y Aumento del compromiso terapéutico El ACT está ganando reconocimiento internacional como un enfoque terapéutico que se adapta a una serie de individuos y presenta problemas. Facilita un enfoque inclusivo que representa un marco alternativo de asesoramiento que sirve para contrarrestar algunos de los efectos potencialmente estigmatizantes de los enfoques terapéuticos para los clientes con enfermedades mentales. Se ha demostrado la eficacia de las intervenciones basadas en la terapia combinada para personas con depresión, ansiedad, fobias específicas y una serie de otras preocupaciones de salud mental diagnosticadas. Múltiples estudios ponen de relieve la utilidad del ACT para permitir a las personas manejar más eficazmente las afecciones diagnosticadas que se reconocen como difíciles de tratar mediante otras modalidades de asesoramiento. Las principales conclusiones que se desprenden de las investigaciones actuales sobre el tratamiento combinado con artemisinina indican que los procesos fundamentales del enfoque, como la atención plena, la defusión cognitiva, la promoción de la aceptación y la voluntad, así como el compromiso con el cambio, son propicios para reducir los efectos potencialmente estigmatizantes de la búsqueda de apoyo de asesoramiento. Más allá de su utilidad como intervención terapéutica eficaz e inclusiva para las enfermedades mentales, está surgiendo un creciente conjunto de investigaciones que ponen de relieve los efectos positivos de la ACT en la reducción de los obstáculos a la participación mediante su aplicación a una serie de otras cuestiones complejas, incluidos los problemas físicos, intelectuales y psicosociales. El ACT ha demostrado ser un enfoque de tratamiento eficaz para ayudar a las personas en la adaptación psicosocial al tratamiento del dolor y otras numerosas discapacidades psicológicas y físicas. Habida cuenta de la importancia que se da en enfoques como la terapia cognitivo-conductual a la sustitución de los procesos de pensamiento inadaptados como parte del proceso de adaptación para el tratamiento de la discapacidad, el dolor crónico o los precursores biológicos de las enfermedades mentales, es comprensible que las personas que buscan asesoramiento tengan dificultades para procesar pensamientos inherentes y complejos y esquemas arraigados. En cambio, la ACT permite al individuo aceptar sus procesos de pensamiento como una función realista y necesaria del ajuste psicosocial, normalizando así su experiencia y reduciendo los efectos potencialmente estigmatizantes asociados a los esquemas cognitivos negativos. Además, como muchas formas de discapacidad, muchos de los precursores biológicos de las afecciones de salud mental representan estados permanentes del ser, por lo que muchas de las técnicas utilizadas en la ACT, como la aceptación, pueden ser convincentes para ayudar a los individuos a abrazar e integrar las características biológicas de su afección como parte de su identidad básica. La investigación sobre los efectos del ACT en individuos con conductas adictivas y abuso de sustancias también pone de relieve los méritos de este enfoque con esta población identificada. Los individuos que experimentan el abuso de sub-posturas y la adicción a menudo sienten una sensación de impotencia para acceder al apoyo necesario para ayudarles, dado el estigma asociado a los patrones de comportamiento adictivo y la ayuda para buscar una respuesta. El ACT sirve para abordar los efectos potencialmente estigmatizantes del asesoramiento en el individuo, facilitando un proceso en el que el individuo puede aprender a aceptarse a sí mismo, a pesar de sus comportamientos adictivos, y negociar un compromiso de cambio basado en resultados alcanzables. Los beneficios generales de la adopción del ACT para las poblaciones vulnerables al estigma social son significativos. Este enfoque es fundamental para la eliminación de los posibles obstáculos a la participación en la práctica del asesoramiento y la psicoterapia.

¿En qué se diferencia el ACT de otros enfoques basados en la atención plena?

El ACT es una de las llamadas "terceras olas" de terapias de comportamiento - junto con la Terapia Dialéctica del Comportamiento (DBT), la Terapia Cognitiva Basada en la Atención (TBC) y la Reducción del Estrés Basada en la Atención (MBSR) - todas las cuales ponen un gran énfasis en el desarrollo de las habilidades de la atención. Creada en 1986 por Steve Hayes, la ACT fue la primera de estas terapias de "tercera ola", y actualmente cuenta con un gran cuerpo de datos empíricos que respaldan su eficacia. La "primera ola" de terapias de comportamiento, en los años 50 y 60, se centró en el cambio abierto de comportamiento y utilizó técnicas vinculadas a los principios de condicionamiento operante y clásico. La "segunda ola" en los setenta incluyó intervenciones cognitivas como estrategia clave. La terapia cognitivo-conductual (TCC) llegó a dominar esta "segunda ola". La ACT difiere de la DBT, MBCT y MBSR en muchos aspectos. Para empezar, la MBSR y la MBCT son esencialmente protocolos de tratamiento manual, diseñados para ser usados con grupos para el tratamiento del estrés y la depresión. El DBT es típicamente una combinación de entrenamiento de habilidades de grupo y terapia individual, diseñada principalmente para el tratamiento grupal del Trastorno de Personalidad Limítrofe. Por el contrario, la TCA puede utilizarse con individuos, parejas y grupos, tanto como terapia breve o como terapia a largo plazo, en una amplia gama de poblaciones clínicas. Además, en lugar de seguir un protocolo manual, la ACT permite al terapeuta crear e individualizar sus propias técnicas de mindfulness, o incluso concretarlas con los clientes. Otra diferencia fundamental es que el ACT considera que la meditación de mindfulness formal es sólo una de las muchas formas de enseñar las técnicas de mindfulness. Las habilidades de mindfulness se "dividen" en cuatro subconjuntos: aceptación, defusión cognitiva, contacto con el momento presente, el yo observador.

La gama de intervenciones de ACT para desarrollar estas habilidades es vasta y sigue creciendo, desde las meditaciones tradicionales sobre la respiración hasta las técnicas de defusión cognitiva.

¿Qué es exclusivo del ACT?

La ACT es la única psicoterapia occidental desarrollada en conjunto con su propio programa de investigación básica sobre el lenguaje humano y la teoría del marco de relación de la cognición (RFT). Está fuera del alcance de este artículo entrar en detalle en la RFT, sin embargo, para más información ver www.contextualpsychology.org/rtf. En marcado contraste con la mayoría de las psicoterapias occidentales, la TRE no tiene como objetivo la reducción de los síntomas. Esto se basa en la opinión de que el intento continuo de deshacerse de los "síntomas" en realidad crea un trastorno clínico en primer lugar. Tan pronto como una experiencia privada es etiquetada como un "síntoma", inmediatamente se establece una lucha con ella porque un "síntoma" es por definición algo "patológico"; algo de lo que debemos tratar de deshacernos. En el ACT, el objetivo es transformar nuestra relación con nuestros pensamientos y sentimientos difíciles, de modo que ya no los percibamos como 'síntomas'. En su lugar, aprendemos a percibirlos como inofensivos, incluso si eventos psicológicos incómodos y transitorios. Irónicamente, es a través de este proceso que la ACT logra la reducción de los síntomas, pero como un subproducto y no el objetivo. Otra forma, en la que el ACT es único, es que no descansa en la suposición de una "normalidad saludable".

Normalidad saludable

La psicología occidental se basa en el supuesto de una sana normalidad: que por su naturaleza, los seres humanos son psicológicamente sanos, y si se les da un entorno, un estilo de vida y un contexto social saludables (con oportunidades para la "auto-realización"), los seres humanos serán naturalmente felices y estarán contentos. Desde esta perspectiva, el sufrimiento psicológico se considera anormal; una enfermedad o síndrome impulsado por procesos patológicos inusuales. ¿Por qué la ACT sospecha que esta suposición es falsa? Si examinamos las estadísticas encontramos que en cualquier año casi el

30 por ciento de la población adulta sufrirá un trastorno psiquiátrico reconocido (Kessler et al, 1994). La Organización Mundial de la Salud estima que la depresión es actualmente la cuarta enfermedad más grande, más costosa y más debilitante del mundo, y que para el año 2020, en marcado contraste con la mayoría de las psicoterapias occidentales, la TCA no tiene como objetivo la reducción de los síntomas. Esto se basa en la opinión de que el intento continuo de deshacerse de los "síntomas" en realidad crea un trastorno clínico en primer lugar. En cualquier semana, una décima parte de la población adulta sufre de depresión clínica, y una de cada cinco personas la padecerá en algún momento de su vida (Davies, 1997). Además, uno de cada cuatro adultos, en algún momento de su vida, sufrirá de adicción a las drogas o al alcohol. Actualmente hay más de veinte millones de alcohólicos sólo en los Estados Unidos (Kessler et al, 1994). Más sorprendente y aleccionador es el descubrimiento de que casi una de cada dos personas pasará por una etapa de la vida en la que se plantee

seriamente el suicidio, y luchará contra él durante un período de dos semanas o más. Más aterrador aún, una de cada diez personas en algún momento intenta suicidarse (Chiles y Strosahl, 1995). Además, considere las muchas formas de sufrimiento psicológico que no constituyen "trastornos clínicos": soledad, aburrimiento, alienación, falta de sentido, baja autoestima, angustia existencial y dolor asociado a cuestiones como el racismo, la intimidación, el sexismo, la violencia doméstica y el divorcio. Claramente, aunque nuestro nivel de vida es más alto que nunca antes en la historia registrada, el sufrimiento psicológico está a nuestro alrededor.

Normalidad destructiva

El ACT asume que los procesos psicológicos de una mente humana normal son a menudo destructivos, y crean sufrimiento psicológico para todos nosotros, tarde o temprano. Además, el ACT postula que la raíz de este sufrimiento es el propio lenguaje humano. El lenguaje humano es un sistema de símbolos muy complejo, que incluye palabras, imágenes, sonidos, expresiones faciales y gestos físicos. Utilizamos este lenguaje en dos dominios: público y privado. El uso público del lenguaje incluye hablar, hablar, mímica, gestos, escribir, pintar, cantar, bailar, etc. El uso privado del lenguaje incluye pensar, imaginar, soñar despierto, planificar, visualizar y así sucesivamente. Un término más técnico para el uso privado del lenguaje es "cognición". Ahora bien, claramente la mente no es una "cosa" o un "objeto". Más bien, es un complejo conjunto de procesos cognitivos -como analizar, comparar, evaluar, planificar, recordar, visualizar- y todos estos procesos dependen del lenguaje humano. Así, en la ACT, la palabra "mente" se utiliza como una metáfora del propio lenguaje humano. Desafortunadamente, el lenguaje humano es un arma de doble filo. En lo positivo, nos ayuda a hacer mapas y modelos del mundo; a predecir y planificar el futuro; a compartir conocimientos; a aprender del pasado; a imaginar cosas que nunca han existido y a crearlas; a desarrollar reglas que guíen nuestro comportamiento de manera efectiva y nos ayuden a prosperar como comunidad; a comunicarnos con personas que están lejos; y a aprender de personas que ya no están vivas. El lado oscuro del lenguaje es que lo usamos para mentir, manipular y engañar; para propagar la calumnia, la difamación y la ignorancia; para incitar al odio, los prejuicios y violencia; fabricar armas de destrucción masiva, e industrias de contaminación masiva; meditar y "revivir" acontecimientos dolorosos del pasado; asustarnos imaginando futuros desagradables; comparar, juzgar, criticar y condenar tanto a nosotros mismos como a los demás; y crear reglas para nosotros mismos que a menudo pueden ser restrictivas o destructivas para la vida.

Evitación experimental

El ACT se basa en la suposición de que el lenguaje humano crea naturalmente sufrimiento psicológico para todos nosotros. Una forma de hacerlo es preparándonos para una lucha con nuestros propios pensamientos y sentimientos, a través de un proceso llamado evitación experiencial. Probablemente la mayor ventaja evolutiva del lenguaje humano fue la capacidad de anticipar y resolver problemas. Esto nos ha permitido no sólo cambiar la faz del planeta, sino también viajar fuera de él. La esencia de la resolución de problemas es ésta: Problema = algo que no queremos. Solución = averiguar cómo deshacernos de él, o evitarlo. Este enfoque obviamente funciona bien en el mundo material. ¿Un lobo en la puerta de tu casa? Deshazte de él. Lánzale piedras, o lanzas, o dispárale. ¿Nieve, lluvia, granizo? Bueno, no puedes deshacerte de esas cosas, pero puedes evitarlas, escondiéndote en una cueva, o construyendo un refugio. ¿Tierra seca, árida? Puedes deshacerte de él, mediante la irrigación y la fertilización, o puedes evitarlo, moviéndote a un lugar mejor. Por lo tanto, las estrategias de solución de problemas son muy adaptables para nosotros como seres humanos (y, de hecho, la enseñanza de esas técnicas ha demostrado ser eficaz en el tratamiento de la depresión). Dado que este enfoque de resolución de problemas funciona bien en el mundo exterior, es natural que tendamos a aplicarlo a nuestro mundo interior; el mundo psicológico de los pensamientos, sentimientos, recuerdos, sensaciones e impulsos. Lamentablemente, con demasiada frecuencia, cuando tratamos de evitar o deshacernos de las experiencias privadas no deseadas, simplemente nos creamos un sufrimiento adicional. Por ejemplo, prácticamente todas las adicciones conocidas por la humanidad comienzan como un intento de evitar o deshacerse de pensamientos y sentimientos no deseados, como el aburrimiento, la soledad, la ansiedad, la depresión y demás. El comportamiento adictivo se convierte entonces en autosuficiente, porque proporciona una manera rápida y fácil de deshacerse de los antojos o los síntomas de abstinencia. Cuanto más tiempo y energía gastamos tratando de evitar o deshacernos de las experiencias privadas no deseadas, es más probable que suframos psicológicamente a largo plazo. Los trastornos de ansiedad son un buen ejemplo. No es la presencia de la ansiedad lo que constituye la esencia de un trastorno de ansiedad. Después de todo, la ansiedad es una emoción humana normal que todos experimentamos. En el centro de cualquier trastorno de ansiedad se encuentra una gran preocupación por tratar de evitar o deshacerse de la ansiedad. El TOC proporciona un ejemplo florido; nunca dejo de sorprenderme por los elaborados rituales que los enfermos de TOC idean, en vanos intentos de deshacerse de los pensamientos e imágenes que provocan ansiedad. Lamentablemente, cuanto más importancia le damos a evitar la ansiedad, más desarrollamos la ansiedad sobre nuestra ansiedad, exacerbándola. Es un círculo vicioso, que se encuentra en el centro de cualquier trastorno de ansiedad. (¿Qué es un ataque de pánico, si no es ansiedad por ansiedad?) Un gran número de investigaciones muestra que una mayor evasión experimental se asocia con trastornos de ansiedad, depresión y un peor desempeño laboral, mayores niveles de abuso de sustancias, menor calidad de vida, comportamiento sexual de alto riesgo, trastorno límite de la personalidad y mayor gravedad del TEPT, discapacidad a largo plazo y alexitimia. Por supuesto, no todas las formas de evasión de la experiencia son insalubres. Por ejemplo, beber un vaso de vino para relajarse por la noche es una evasión experimental, pero no es probable que sea perjudicial. Sin embargo, beber una botella entera de vino por la noche es probable que sea extremadamente dañino, a largo plazo. ACT se centra en las estrategias de evasión experiencial sólo cuando los clientes las usan a tal grado que se vuelven costosas, distorsionan la vida o son dañinas. ACT llama a estas "estrategias de control emocional", porque son intentos de controlar directamente cómo nos sentimos. Muchas de las estrategias de control emocional que los clientes utilizan para tratar de sentirse bien (o de sentirse "menos mal") pueden funcionar a corto plazo, pero con frecuencia son costosas y autodestructivas a largo plazo. Por ejemplo, los clientes deprimidos a menudo se abstienen de socializar para evitar pensamientos incómodos: "Soy una carga", No tengo nada que decir, no me divertiré, y sentimientos desagradables como la ansiedad, la fatiga, el miedo al rechazo. A corto plazo, la cancelación de un compromiso social puede dar lugar a una sensación de alivio a corto plazo, pero a largo plazo, el creciente aislamiento social los hace más deprimidos. El ACT ofrece a los

clientes una alternativa a la evasión experiencial a
través de una variedad de intervenciones
terapéuticas.

CAPÍTULO 3
Fundamentos de la terapia de aceptación y
compromiso

Según Hayes y Pierson (2004) la Terapia de Aceptación y Compromiso, se basa en el análisis del comportamiento clínico y por lo tanto es parte de la tradición conductual. Los primeros conductistas querían usar un método estrictamente científico para resolver problemas de conducta (Ascher & Esposito, 2004). Los autores y los clínicos comprendieron rápidamente que los principios aplicados a las conductas observables debían extenderse a los procesos cognitivos. La terapia cognitivo-conductual (TCC) se introdujo por primera vez para estudiar la depresión (Hofmann & Asmundson, 2008) y algunos autores la han considerado parte de una segunda ola de terapias conductuales (Hayes et al., 2006, Harris, 2006). Hoy en día, es sin duda el enfoque psicoterapéutico dominante para muchos trastornos mentales (Hofmann & Asmundson, 2008). La TCC cree que el comportamiento y las emociones son moderados e influenciados por las cogniciones y la percepción de los eventos. En la TCC, los pacientes aprenden a observarse a sí mismos para identificar las ideas erróneas y los pensamientos irracionales;

luego los desafían, para finalmente sustituirlos por conceptos más adecuados y racionales. Por lo tanto, es un proceso de resolución de problemas (Hofmann & Asmundson, 2008). La discusión para saber si el TCA forma parte de una tercera ola de terapias de conducta ha suscitado un gran debate. Aunque esto es lo que Hayes (2004b, en Gaudiano, 2011), y otros defensores de la ACT afirman, Hofmann y Asmundson (2008) rechazan esta premisa, afirmando que no hay datos que sugieran que la ACT pueda ser vista como un método de tratamiento totalmente nuevo. En su artículo, Gaudiano (2011) aclara la situación afirmando que los proponentes de la ACT sugieren que esta terapia es una extensión de la TCC, pero con suficientes diferencias teóricas para distinguirla de esos enfoques. Mientras que la TCC tiende a centrarse más en el contenido y en el alivio de los síntomas (Gaudiano, 2011), la ACT tiende a enfatizar, y trabaja en el cambio del contexto en el que estos mismos pensamientos y comportamientos ocurren (Hayes, Pierson, 2004). Gaudiano (2011) aclara además que sólo el tiempo afirmará si la ACT puede ser considerada como una terapia verdaderamente distinta de la TCC. Para entender mejor cómo funcionan los principios del ACT, veamos sus raíces filosóficas y teóricas.

Raíces filosóficas

El ACT tiene sus raíces filosóficas en el Contextualismo Funcional (FC; Gifford & Hayes, 1999). El psicólogo Russ Harris nos lo explica en su libro "ACT made simple" (2009):

[Contextualismo funcional] mira cómo funcionan las cosas en contextos específicos. Desde el punto de vista de la FC, ningún pensamiento o sentimiento es intrínsecamente problemático, disfuncional o patológico. En un contexto que incluye la fusión cognitiva y la evasión experiencial, nuestros pensamientos, sentimientos y recuerdos a menudo funcionan de manera tóxica, dañina o que distorsiona la vida. Sin embargo, en un contexto de defusión y aceptación (es decir, de atención) esos mismos pensamientos, sentimientos y recuerdos funcionan de manera muy diferente: tienen mucho menos impacto e influencia sobre nosotros. Pueden seguir siendo dolorosos, pero ya no son tóxicos, dañinos o distorsionadores de la vida, y lo que es más importante, no nos impiden vivir con valor (Harris, 2009, p.34).

En otras palabras, lo problemático no es el contenido de un pensamiento (por ejemplo, "soy inútil"), sino el contexto en el que se produce (por ejemplo, ver este pensamiento como un hecho o la verdad). La comprensión del contexto nos permite entender la función de un comportamiento/pensamiento, y a qué objetivo sirve. Un comportamiento específico (su forma) puede tener muchos propósitos (función) de acuerdo con el contexto. En la misma lógica, para alcanzar un determinado objetivo, son posibles varias formas de comportamiento. Esto significa que para entender la función, tenemos que saber en qué contexto se produce, y viceversa (Harris, 2009). Mientras que los enfoques mecanicistas (como la TCC) trabajan para suprimir los pensamientos o sentimientos "disfuncionales" o "inadaptados", el enfoque contextualista funcional de la TCA, trabaja para cambiar nuestra relación y la función de estos pensamientos (es decir, en lugar de tratar de eliminar o reemplazar el pensamiento "soy inútil", cambio mi relación con él aceptándolo y comprendiendo que es sólo un pensamiento). El criterio de lo que constituye la verdad será entonces la factibilidad de un comportamiento/pensamiento, y los valores elegidos como precursores para evaluarlo (Hayes et al. 2006). Es importante considerar que el ACT se inserta en la línea del "conductismo radical", lo que significa que considera que todo lo que hace el organismo es comportamiento. En consecuencia, todos los procesos como el pensar, sentir y recordar, son lo que llamamos comportamientos "privados" (sólo pueden ser observados por la persona que los realiza). Las acciones y comportamientos que pueden ser observados por otras personas se denominan, por lo tanto, comportamientos "públicos".

Raíces teóricas

Habiendo entendido las raíces filosóficas del ACT, podemos ahora avanzar hacia su fundamento teórico. La Terapia de Compromiso de Aceptación ha sido desarrollada en conjunto con la Teoría del Marco Relacional (RFT) del lenguaje y la cognición (Harris, 2006). La RFT fue presentada por Hayes y Brownstein en 1985 en la convención anual de la Asociación para el Análisis del Comportamiento (Gross, Fox, 2009), y busca perseguir y completar el trabajo de Skinner en el comportamiento verbal. Según el RFT, el comportamiento verbal es "la acción de enmarcar los eventos de forma relacional" (Fox, et al., 2001, en Gross & Fox, 2009, p. 43). Enmarcar algo de forma relacional significa que, basándonos en el entrenamiento pasado, podemos relacionar los símbolos con ciertos contextos. En otras palabras, aprendemos a relacionar cosas que no se enseñan explícitamente (Smith, 2007). Esto puede suceder de tres maneras: vinculación mutua (si A es igual a B que B es igual a A), vinculación combinatoria (si A es menor que B, y B es menor que C, entonces A es menor que C, y C es mayor que A) y transformación de la función (Hayes & Pierson, 2004). El psicólogo Shawn Smith explica muy claramente el acto del encuadre relacional en su blog (Smith, 2008). A partir de dos informaciones: 1. Rupert es mi padre y 2. Leroy es mi hermano; se pueden derivar otras seis piezas de información. Las flechas rojas representan relaciones que fueron enseñadas explícitamente, y las flechas azules representan cosas que dedujimos por nuestra cuenta (Smith, 2008). Ahora bien, si más tarde una persona conoce a Consuela, mi madre, y a Miranda, mi sobrina, esta persona puede combinar repentinamente estas dos nuevas piezas de información con lo que ya se le había enseñado, y así es como se puede deducir la información con sólo haber recibido cuatro directas (Smith, 2008). Gracias a la transformación funcional, también podemos aplicar el contenido emocional a los pensamientos, los recuerdos o los símbolos. Si bien un gato puede tener miedo a una aguja cuando la ve (tal vez ya había experimentado que las agujas duelen), no mostrará signos de angustia al recordar esta dolorosa experiencia (Smith, 2008). Por el contrario, gracias a nuestra capacidad de ver la bidireccionalidad en las relaciones, los humanos también pueden mostrar signos de angustia al imaginar la aguja.

Según ACT (en Hayes y Pierson, 2004) esta capacidad bi-relacional, que nos distingue de otros animales, es también la fuente cognitiva de mucho dolor humano: es decir, incluso estando tranquilamente sentados en casa, podemos tener un ataque de pánico con sólo pensar en nuestra próxima gran audición. El RFT es la base de prácticamente todos los componentes de la Terapia de Aceptación y Compromiso (Hayes et al. 2006). Según el RFT, estos procesos son una parte inherente del ser humano. Aunque es agradable poder revivir recuerdos positivos (sentirse feliz cuando recordamos un concierto exitoso), a veces podemos gastar una increíble cantidad de energía en tratar de eliminar o reemplazar pensamientos incómodos. En lugar de cambiar el contenido de estos pensamientos incómodos, ACT propone que cambiemos nuestra relación con ellos (es decir, el contexto en el que se producen).

CAPÍTULO 4

Fundamentos filosóficos y teóricos de la aceptación y el compromiso

Terapia

El ACT se basa en el contextualismo funcional (FC; Hayes, 1993; Hayes et al., 1999) que actúa como base filosófica de la teoría del marco relacional (RFT; Hayes, Barnes-Holmes, & Roche, 2001) que ahora se describen brevemente.

Contextualismo funcional

El contextualismo funcional es una variedad específica del contextualismo. Como todas las formas de contextualismo asume que el mundo es real e indiferenciado. El universo es un todo, y los seres vivos lo dividen en elementos sobre la base de su interacción en y con él. Cuando un individuo percibe un acontecimiento como un evento, se trata de un acto psicológico, basado en una historia y una situación actual particulares - un acontecimiento no es un universo organizado y elementalista que golpea sus divisiones en el organismo. La fuente de este acto es su utilidad. Para los organismos verbales, los actos de división se llevan a cabo un paso mientras construyen verbalmente el mundo. De aquí la importancia de la división deriva de su utilidad: el propósito analítico de la construcción verbal. La idea de propósito es clave para entender el Contextualismo Funcional y su diferencia con la corriente principal. La opinión predominante de la mayoría de los psicólogos parece ser que el conocimiento tiene valor en sí mismo porque el conocimiento consiste en revelar o descubrir la estructura real de un mundo preorganizado y objetivo. Por lo tanto, la "verdad" consiste en modelar la realidad. Ese modelado justifica cualquier empresa intelectual, independientemente del valor de lo que se estudie o de lo que resulte. La justificación de esta posición es la creencia de que una vez que podamos encontrar la organización definitiva de la realidad y sus mecanismos de cambio, seremos capaces de aplicar ese conocimiento en el "mundo real". La utilidad es un efecto secundario. En cambio, como los contextualistas comienzan con el todo, dividirlo en partes es un acto psicológico intencionado. Así, "verdad" se refiere al logro de un propósito y son posibles múltiples verdades. Esto significa que los contextualistas deben declarar sus valores y objetivos como científicos (Hayes, 1993). El Contextualismo Funcional está relacionado con las formas más descriptivas de contextualismo, como el Construccionismo Social, la Hermenéutica, la Dramaturgia o los enfoques narrativos, en los que la apreciación de un sentido de los participantes en el todo constituye la finalidad analítica, pero se distingue de ellas. A la inversa, el propósito analítico específico del Contextualismo Funcional es la predicción y la influencia de las interacciones psicológicas con precisión (un número limitado de construcciones se aplican a un solo evento), alcance (se necesita un conjunto limitado de construcciones para explicar los eventos en general) y profundidad (las construcciones coheren en todos los niveles científicos de análisis). El cumplimiento de este propósito se convierte en la métrica de cualquier análisis contextual funcional. Es esa característica del Contextualismo Funcional la que más garantiza que la práctica y el trabajo básico permanezcan vinculados. Todo conocimiento válido es inherentemente práctico en esta visión. El Contextualismo Funcional abarca el uso de procedimientos experimentales, pero no como una forma de "conocer" la estructura de la realidad, sino como una manera de lograr los objetivos locales y situados del investigador. Lo que diferencia este enfoque del estudio empírico de la fuerza bruta del impacto aplicado de las técnicas es el alto nivel de alcance y profundidad del tipo de conocimiento que se busca. Por lo tanto, no es sorprendente que la ACT sea la única forma actualmente popular de comportamiento y cognición con su propio y robusto programa de investigación básica sobre el lenguaje y la cognición. En la siguiente sección desarrollaremos el argumento anterior mediante la presentación de ese programa básico. Al mismo tiempo describiremos las conexiones con los supuestos filosóficos presentados anteriormente y, finalmente, las implicaciones aplicadas para el modelo de intervención clínica de la ACT.

Teoría del marco relacional

El modelo de ACT está teóricamente apuntalado por el RFT, que tiene como objetivo proporcionar un relato de comportamiento moderno del lenguaje y la cognición humana (Hayes et al., 2001). Un principio central del RFT es que el comportamiento humano se rige en gran medida por redes mutuas llamadas marcos relacionales. Los humanos tienen la capacidad de relacionar arbitrariamente cualquier objeto del entorno, pensamiento, memoria, sentimiento, comportamiento o sensación física con cualquier otro de estos de casi cualquier manera posible. A través de los marcos relacionales los humanos son capaces de planificar el futuro, aprender del pasado, mantener el conocimiento y evaluar (Hayes et al., 1999). Se cree que los marcos relacionales tienen el potencial de contribuir a la angustia psicológica (Tull, Gratz, Salters, & Roemer, 2004). El RFT propone que una vez que se ha aprendido un marco relacional, éste guía el comportamiento futuro y puede ser difícil de romper (Hayes, 2004). La implicación clínica de esto es que no es fructífero apuntar y cambiar el contenido del pensamiento. Un enfoque más útil sería alterar la relación que uno tiene con sus experiencias.

Durante la mayor parte de las últimas tres décadas, un número creciente de analistas del comportamiento ha estado desarrollando preparaciones experimentales que generan un comportamiento humano complejo y "novedoso" en condiciones de laboratorio. Esta investigación ha abierto nuevas y excitantes perspectivas de investigación para el análisis del comportamiento del lenguaje y la cognición humana. Ahora esbozaremos estos desarrollos de investigación.

Muchos lectores estarán al tanto del bien establecido principio de comportamiento del condicionamiento Pavloviano o del respondedor. Un perro, por ejemplo, se excitará cuando escuche el sonido del motor del coche de su dueño, porque en ocasiones anteriores la audición de este sonido ha sido seguida por la llegada real del dueño. Sin embargo, el mismo perro puede mostrar temor si el dueño grita en tono de ira, porque anteriormente esos gritos han sido seguidos de un castigo. Además, podemos entrenar a un perro para que se excite cuando oiga una palabra específica, como "galleta", dándole constantemente algo de comida después de decir "galleta". De esta manera podemos atribuir importantes funciones psicológicas (por ejemplo, de la comida) a eventos previamente neutrales (por ejemplo, "galleta").

Sin embargo, algo interesante sucede cuando invertimos este orden de eventos. Imaginen que cada vez que alimentamos a un perro con una galleta decimos "galleta" justo después de que haya terminado de comer. Cuando hayamos hecho esto varias veces, ¿se excitará el perro (anticipando una comida) si decimos "galleta" sin mostrarle una galleta? La respuesta es no. Una gran cantidad de investigaciones ha demostrado que los animales no aprenden fácilmente acerca de los eventos neutrales, como las palabras, que siguen a eventos importantes como la comida (ver Hall, 1996). Los animales sólo pueden aprender fácilmente sobre los eventos que predicen el inicio de algo que es psicológicamente importante.

Para los humanos verbales es una historia bastante diferente. Imaginemos, por ejemplo, que repetimos el experimento anterior de la siguiente manera con un niño pequeño. Cada vez que le damos una galleta, decimos "galleta" justo después de que el niño termine de comer. ¿Qué pasaría si un día gritáramos "galleta" cuando el niño estuviera en una habitación cercana? Lo más probable es que el niño venga corriendo a nosotros esperando recibir una galleta. En efecto, el sonido de la palabra haría que el niño pensara en galletas, aunque la palabra "galleta" nunca había predicho la entrega de una galleta real. Esto es totalmente coherente con un gran conjunto de pruebas experimentales que han demostrado que los humanos, a diferencia de los animales, tienen una fuerte tendencia a relacionar un evento neutro con un evento importante, aunque el primero siempre haya seguido al segundo. Por lo tanto, el condicionamiento de la respuesta suele ser radicalmente diferente para los humanos verbales que para todos los demás animales. Cuando la palabra "galleta" predice la entrega de una galleta real, tanto los humanos como los no humanos pueden aprender rápidamente a excitarse. Sin embargo, sólo para el humano la palabra galleta y la galleta real entran en una relación de estímulo bidireccional en la que cada una puede representar a la otra por igual. Para el analista del comportamiento de la nueva ola, esta bidireccionalidad se considera una de las características más importantes del lenguaje y la cognición humana.

Otra característica importante del lenguaje y la cognición humana, desde la perspectiva de la nueva ola, implica la aparición de complejas redes de eventos relacionados. Imaginemos, por ejemplo, una joven que come una galleta. Después se le dice: "Acabas de comer una galleta, y otra palabra para galleta es bizcocho". De ahora en adelante, cuando escuche la palabra "galleta" probablemente pensará en la palabra "galleta" y también en galletas reales. En efecto, el simple hecho de oír la palabra "galleta" puede hacer que la niña piense en una galleta de verdad, aunque la palabra nunca se haya asociado directamente con una galleta real. Numerosos estudios han demostrado este efecto básico, y también han demostrado que es posible enseñar incluso a los niños pequeños grandes y complejas redes relacionales (por ejemplo, Smeets, Barnes & Roche, 1997). Cuando esto ocurre, decimos que se ha establecido una relación de equivalencia entre las galletas reales, la palabra "galleta" y la palabra "galleta".

La construcción de redes relacionales, como las relaciones de equivalencia, entre las palabras y los acontecimientos parece subyacer a muchas facetas del lenguaje y la cognición humanos. Las matemáticas, por ejemplo, son el resultado de miles de años de desarrollo y perfeccionamiento de redes relacionales cada vez más complejas y abstractas. La afirmación lógica "Si A = B y B = C, entonces A = C" representa sólo una red relacional muy simple que me dice cl valor de C basado en el valor de A (es decir, A y C participan en una relación transitiva derivada). Con esta simple red, si peso A y encuentro que es 1 kg, ahora sé que tanto B como C pesan cada uno 1 kg sin tener que pesarlos.

Las redes relacionales también son emocionantes porque parecen ser paralelas a muchos fenómenos del lenguaje natural, incluyendo, por ejemplo, las conductas de denominación. Por ejemplo, si a un niño pequeño se le enseña a señalar un objeto al que se le ha dado una palabra escrita específica, el niño puede señalar la palabra dada al objeto sin más entrenamiento. En consecuencia, si se le enseña la palabra hablada "chocolate" y el chocolate real, y entre la palabra escrita "chocolate" y la palabra hablada "chocolate", el niño identificará la palabra escrita "chocolate" como una relación de equivalencia con "chocolate", aunque esta actuación nunca haya sido entrenada. Por lo tanto, la simetría y la transitividad entre las palabras escritas, las palabras habladas, las imágenes y los objetos es común en la actividad de nombrar (Hayes, Gifford & Ruckstuhl, 1996).

¿Cómo se establece la respuesta relacional? Debemos tener claro en este punto que la descripción del lenguaje y la cognición en términos de redes relacionales, no constituye por sí misma una explicación analítica del comportamiento de estos importantes fenómenos humanos. Para explicar el lenguaje y la cognición (por ejemplo, las relaciones derivadas entre las palabras escritas y habladas) utilizamos el RFT (Hayes & Hayes, 1989) que busca explicar la naturaleza generativa del lenguaje en términos de principios de comportamiento ya establecidos. Examinemos esta teoría del comportamiento con mayor detalle.

¿De dónde vienen los marcos relacionales?

Sabemos desde hace tiempo que los organismos pueden responder a las relaciones formales entre los estímulos. Por ejemplo, muchas especies pueden responder a la "más tenue" de varios estímulos iluminados (Reese, 1968). Estas relaciones no arbitrarias se basan en las propiedades formales de la relación (es decir, uno de los estímulos es realmente el más tenue). Sin embargo, los humanos pueden responder de acuerdo con relaciones que están controladas, no por las propiedades formales de los relatos, sino por señales contextuales específicas.

El control contextual para la respuesta relacional se establece durante las primeras interacciones de entrenamiento del lenguaje. Durante estas interacciones, a menudo se les presentan objetos a los niños y se les pide que repitan sus nombres. Esto puede describirse como; ver el objeto A, luego escuchar el nombre B y decir el nombre B. También se enseña a los niños a identificar objetos cuando escuchan el nombre apropiado. Esto puede describirse como: escuchar el nombre B, luego ver el objeto A. Inicialmente, cada relación objeto-palabra y palabra-objeto es entrenada explícitamente. Sin embargo, cuando un niño ha sido expuesto a suficiente de este entrenamiento relacional, puede surgir una respuesta relacional derivada. Supongamos, por ejemplo, que a un niño con esta historia de nombres se le enseña; "Esta es tu camisa". Las claves contextuales (como la palabra "es", y el contexto de la interacción social en general) predicen que si este objeto es una "camisa" (objeto A - nombre B), una "camisa" es este objeto (nombre B - objeto A). Por consiguiente, el niño puede ahora identificar la camisa cuando se le pregunte "¿Dónde está tu camisa?" en ausencia de un refuerzo diferencial para hacerlo. Esta relación derivada y arbitrariamente aplicable se denomina "marco relacional". Por lo tanto, las relaciones derivadas no son genuinamente novedosas, sino un tipo de comportamiento operante generalizado. En otras palabras, los patrones del marco relacional se ponen bajo el control de claves contextuales (por ejemplo, la palabra "es") a través de un proceso de refuerzo diferencial. Es decir, para empezar, se entrenan explícitamente ambos elementos de una relación (por ejemplo, "A es B" y "B es A" se refuerzan ambos). Sólo entonces esta historia de refuerzo puede generalizarse de manera que una relación derivada surja sin refuerzo (por ejemplo, si "X es Y" se refuerza, entonces "Y es X" se deriva). En efecto, un principio bien establecido de análisis del comportamiento, el del operante generalizado, ha sido utilizado por RFT para explicar una de las características generativas clave del lenguaje humano.

Otros tipos de relaciones de estímulo que impregnan el lenguaje humano también pueden explicarse en términos de comportamiento operante generalizado. Imaginen, por ejemplo, a un niño pequeño al que se le enseña a responder a una serie de preguntas como "¿Qué taza tiene más leche?" o "¿Qué caja tiene más juguetes?" Si se le da suficiente exposición a esas preguntas y el refuerzo adecuado para responderlas correctamente, la respuesta relacional (por ejemplo, entre dos tazas) quedará bajo el control de pistas distintas de las cantidades relativas reales (por ejemplo, la palabra "más"). Cuando esto ocurre, la respuesta relacional puede aplicarse arbitrariamente a otros acontecimientos, incluso cuando las propiedades formales de los acontecimientos relacionados no ocasionan la respuesta relacional. Por ejemplo, una pieza de cinco peniques vale más que una de dos peniques, aunque la primera sea más pequeña que la segunda. Esto proporciona otro ejemplo más de la forma en que el RFT explica fenómenos avanzados del lenguaje y la cognición (por ejemplo, la comprensión del valor financiero por parte de un niño) en términos de una historia de refuerzo diferencial que se generaliza a los eventos novedosos.

La Teoría del Marco Relacional es una teoría del comportamiento en la medida en que reúne una serie de principios de comportamiento bien establecidos para explicar muchos aspectos del lenguaje y la cognición humana. Por ejemplo, la RFT ha reunido los principios de control del respondedor (o condicionamiento Pavloviano) y el comportamiento operante generalizado para explicar la ansiedad humana espontánea y aparentemente incontrolada (véase también el artículo siguiente). A modo de ilustración, imaginemos a un niño pequeño que oye que va en un "barco" y posteriormente experimenta un terrible mareo (es decir, la palabra "barco" se convierte en repugnante a través del condicionamiento pavloviano). El niño puede entonces aprender en la escuela que un "Car Ferry" es un tipo de barco. Más tarde, al oír que va en un transbordador de automóviles, el niño puede mostrar signos de ansiedad a pesar de no haber tenido experiencia directa con los transbordadores de automóviles. Este efecto se basa en la función de "barco" adquirida por el encuestado y la relación derivada entre "barco" y "transbordador de automóviles". En efecto, el niño no necesita experimentar las consecuencias posiblemente desagradables de viajar en un transbordador de automóviles en mares agitados, para mostrar signos de ansiedad. Varios autores han combinado los principios de comportamiento de acuerdo con el RFT (por ejemplo, condicionamiento de respuesta y comportamiento operante generalizado) para dar cuenta de una amplia gama de fenómenos psicológicos complejos que hasta ahora han quedado fuera del ámbito del análisis de la conducta, como la ansiedad (Friman, Hayes & Wilson, 1997), la depresión (Hayes & Wilson, 1993), el seguimiento de las reglas (Barnes, Healy & Hayes, en prensa), los prejuicios (Watt, Keenan, Barnes & Cairns, 1991), la conciencia de sí mismo (Dymond & Barnes, 1995), el autoconcepto.

CAPÍTULO 5

Técnicas de aceptación y compromiso Terapia

BÁSICO

El ACT se desarrolla dentro de una filosofía pragmática llamada contextualismo funcional. El ACT se basa en la teoría del marco relacional (RFT), una teoría comprensiva del lenguaje y la cognición que es una rama del análisis de la conducta. Tanto el ACT como el RFT se basan en la filosofía de B. F. Skinner sobre el Conductismo Radical.

La ACT difiere de la terapia cognitiva conductual (CBT) tradicional en que en lugar de tratar de enseñar a las personas a controlar mejor sus pensamientos, sentimientos, sensaciones, recuerdos y otros eventos privados, la ACT les enseña a "sólo notar", aceptar y abrazar sus eventos privados, especialmente los no deseados anteriormente. El ACT ayuda al individuo a ponerse en contacto con un sentido trascendental de sí mismo, conocido como "autocontexto": el tú que siempre está ahí observando y experimentando y que, sin embargo, es distinto de sus pensamientos, sentimientos, sensaciones y recuerdos. El ACT tiene por objeto ayudar al individuo a aclarar sus valores personales y a actuar sobre ellos, aportando más vitalidad y sentido a su vida en el proceso, aumentando su flexibilidad psicológica.

Mientras que la psicología occidental ha operado típicamente bajo el supuesto de la "normalidad saludable", que establece que por su naturaleza los humanos son psicológicamente saludables, el ACT asume, más bien, que los procesos psicológicos de una mente humana normal son a menudo destructivos. El concepto central del ACT es que el sufrimiento psicológico es usualmente causado por la evasión experiencial, el enredo cognitivo y la resultante rigidez psicológica que lleva a un fracaso para tomar los pasos conductuales necesarios de acuerdo con los valores centrales. Como una forma sencilla de resumir el modelo, el ACT considera que el núcleo de muchos problemas se debe a los conceptos representados en el acrónimo, MIEDO:

- Fusión con tus pensamientos

- Evaluación de la experiencia

- Evitar su experiencia

- Razones para tu comportamiento

Y la alternativa saludable es el ACT:

- Aceptar sus reacciones y estar presente

- Elija una dirección valiosa

- Actúa...

CAPÍTULO 6
SEIS PROCESO BÁSICO DE ACTUACIÓN

Con el fin de fomentar la flexibilidad psicológica, el modelo de Terapia de Compromiso de Aceptación de la Intervención actúa en cada uno de estos 6 procesos:

La ACT utiliza procesos de aceptación y atención y procesos de compromiso y activación del comportamiento para producir flexibilidad psicológica. Busca poner el lenguaje y la cognición humana bajo un mejor control contextual para superar los efectos de reducción de repertorio de una dependencia excesiva en un modo de resolución de problemas de la mente, así como para promover un enfoque de la vida más abierto, centrado y comprometido. El enfoque ACT se basa en una perspectiva contextual funcional sobre la adaptabilidad y el sufrimiento humanos, derivada del principio de comportamiento ampliado por la teoría del marco relacional. (Hayes, Strohsahl y Wilson 2012 p. 97) Como veremos, es importante entender que cada uno de estos seis procesos centrales en ACT están todos interrelacionados y no funcionan solos (Harris, 2009).

Aceptación experimental

Según R. Harris (2009), la aceptación (o aceptación experimental) significa

"Abrir y hacer espacio para los sentimientos, sensaciones, impulsos y emociones dolorosas" (p.9). En un estado de aceptación, las personas se dejan experimentar deliberadamente pensamientos y emociones incómodas sin luchar por eliminarlos o cambiarlos. Es importante señalar que aceptar estas experiencias no significa que tengamos que desearlas o gustarlas (Harris, 2009). ¿Cuándo es útil la aceptación? Cuando perseguimos algo que es importante para nosotros, pueden surgir algunos sentimientos que se consideran principalmente incómodos (por ejemplo, miedo, dudas sobre sí mismo). Al aceptar estos sentimientos, ya no nos centramos en tratar de eliminarlos o cambiarlos, y podemos seguir persiguiendo y haciendo lo que es importante para nosotros en ese momento (Hayes, Strohsahl y Wilson, 2012). En este sentido, la aceptación experiencial funciona como lo opuesto a la evitación experiencial, en la que evitamos hacer algo porque no queremos en absoluto sentir esas sensaciones incómodas al hacerlo (Harris, 2009).

La aceptación en la ACT no significa que debamos aceptar todas las situaciones tal como son, o que no debamos desafiar el status quo para buscar algo mejor. Por el contrario, la aceptación experiencial es una herramienta que se utiliza para ayudar a hacer frente a los pensamientos incómodos que seguramente surgirán en nuestras mentes cuando decidamos sacar a relucir algo desafiante e importante para nosotros de acuerdo con nuestros valores (por ejemplo, convertirse en músico profesional; Harris, 2009). En otras palabras, la aceptación es una herramienta que siempre se ve en la combinación de acciones comprometidas con objetivos valiosos. Por lo general, para evitar estos sentimientos, hemos desarrollado una serie de estrategias de control emocional, lo que llamamos desesperanza creativa. Entender y afrontar esta agenda de estrategias de control emocional es un primer paso hacia la aceptación (Harris, 2009). Han funcionado estas estrategias hasta ahora a largo plazo para deshacerse de los sentimientos incómodos? Si no es así, quizás la respuesta sea dejar la lucha y la desesperanza creatividad para combatirlos, y aceptar estos sentimientos cuando lleguen (Harris, 2009). Es muy importante normalizar estos sentimientos, ya que es algo que todos los seres humanos sienten. Dado que estos sentimientos están destinados a aparecer de todos modos, dejar que surjan nos permite concentrar nuestra energía en hacer algo que realmente valoramos (Harris, 2009).

El primer paso para aceptar los sentimientos es notarlos, e incluso observarlos con curiosidad (¿dónde están? ¿Cómo están? ¿Tienen una forma? ¿Qué forma/color/forma tienen? Etc.). Después, expandimos estos sentimientos haciendo el mayor espacio posible para ellos. La respiración es particularmente efectiva para esta etapa. Al hacer esto, permitimos que los sentimientos existan, sin tratar de eliminarlos. La autocompasión, en el sentido de ser amable y cuidadoso con nosotros mismos, es, según Harris (2009), un elemento extra y muy útil en la aceptación. Por último, y especialmente cuando se trabaja con fuertes sentimientos negativos, es útil ampliar la conciencia a otras cosas, y comprender que estos sentimientos son sólo un 'actor' en este espectáculo del momento actual, en el que están pasando muchas otras cosas (Harris, 2009).

La aceptación experimental se utiliza generalmente para trabajar con los sentimientos. Cuando se trabaja con pensamientos se habla de defusión cognitiva. Como veremos, ambas implican la atención, la "apertura" y el dejar ser (Harris, 2009).

Defusión cognitiva

El objetivo de la Desfusión Cognitiva es tomar conciencia del proceso que genera los pensamientos y el pensamiento (Luoma & Hayes, 2008). En un estado típico, normalmente vemos el mundo a través de la estructura de nuestros pensamientos sin darnos cuenta de cómo nuestro pensamiento está influyendo en la forma en que las cosas dan la impresión de ser (Luoma y Hayes, 2008). Esto significa que vemos el mundo a través de nuestros pensamientos, nos fusionamos tanto con nuestros pensamientos que ni siquiera somos conscientes de que estamos pensando actualmente y luego tomamos estos pensamientos como una verdad absoluta (Harris,

2009). Esto significa que en un estado de fusión cognitiva dejamos que nuestros pensamientos comanden nuestro comportamiento, sin ser conscientes de ello (Harris, 2009). Cuanto más nos fusionamos con los pensamientos, más inflexible se vuelve nuestro comportamiento. Según Harris (2009), la fusión funciona en seis áreas clave: reglas (por ejemplo, cómo necesito sentirme antes de actuar), razones (por ejemplo, por qué el cambio es imposible, o por qué fracasaremos si lo intentamos), juicios (por ejemplo, no soy lo suficientemente bueno), pasado (por ejemplo, rumiar sobre los errores del pasado), futuro (por ejemplo, preocuparse) y uno mismo (fusionarse con descripciones de uno mismo, por ejemplo, no puedo hacer frente).

La defusión cognitiva tiene su origen en una técnica de terapia cognitiva: el distanciamiento cognitivo (Luoma y Hayes, 2008). Se trata de una técnica que puede ayudar a los clientes a detectar sus pensamientos y verlos como hipótesis en lugar de hechos objetivos (Luoma y Hayes, 2008). La ACT se denominó originalmente "Distanciamiento Integral" (Hayes, 1987, en Luoma y Hayes, 2008) después de haber sido rebautizada como Terapia de Compromiso de Aceptación en 1999 (Hayes, Strosahl y Wilson 1999). Mientras que en el distanciamiento cognitivo reducimos el impacto de los pensamientos negativos al disputar siempre su credibilidad, en el distanciamiento cognitivo reducimos este impacto observando repetidamente el proceso de pensamiento y tomando distancia de nuestros pensamientos (Luoma y Hayes, 2008). "Como tales, los pensamientos no son tanto hipótesis a probar (como en la terapia cognitiva) como construcciones habituales a notar e integrar" (Luoma y Hayes, 2008, pág. 83). En este sentido, la defusión también está relacionada con la aceptación, ya que el objetivo de la defusión no es sólo notar y tomar distancia de los pensamientos, sino también aceptarlos como un proceso normal de la mente humana, para seguir haciendo lo que importa en ese momento (Harris, 2009).

La defusión cognitiva funciona a nivel de la función y no del contenido de un pensamiento. Lo importante no es entender si un pensamiento es realmente verdadero o no, sino si nos está ayudando a perseguir lo que es importante para nosotros en ese momento. Esto significa que lo que importa es la funcionalidad de un pensamiento, no su credibilidad (Harris, 2009). Como señala Russ Harris (2009), la defusión cognitiva no debería utilizarse como una forma de controlar o deshacerse de los pensamientos incómodos. Más bien, la defusión es un proceso que nos permite entender que podemos actuar independientemente de los pensamientos (por ejemplo, puedo tener el pensamiento "no puedo cerrar los ojos" y cerrarlos de todos modos). Al desactivar un pensamiento, puede perder su influencia sobre nosotros e incluso puede desaparecer, pero esto sólo debe tomarse como una ventaja, porque aunque esto pueda suceder, no significa necesariamente que lo hará (Harris, 2009). De hecho, como ya se ha dicho, el propósito del TCA no es controlar o deshacerse de los pensamientos (o de cualquier otro "síntoma"), sino cambiar el contexto en el que se producen, tomar distancia de ellos, aceptarlos y perseguir objetivos valiosos (Harris, 2009).

Estar presente

Estar presente, o contactar con el momento presente (Harris, 2009) significa ser psicológicamente consciente del momento presente. Esto significa no sólo estar conectado conscientemente al presente, sino también comprometerse con él (Harris, 2009). Como escribió León Tolstoi en el "Cuento de las tres preguntas" (1903), "Sólo hay un momento que es importante - ¡Ahora! Es el momento más importante porque es el único momento en el que tenemos algún poder". De hecho, el presente es el único momento que tenemos, ya que el pasado y el futuro sólo existen en nuestros pensamientos actuales. Aunque esto parece bastante fácil y directo, estar presente es algo que los humanos encuentran muy difícil de hacer. Como hemos visto, es fácil quedar atrapado en los pensamientos y fusionarse con ellos, perdiendo el contacto con lo que realmente está sucediendo, y manteniéndose enfocado en este mundo que los pensamientos crean para nosotros (Harris, 2009). Este contacto continuo con los eventos internos y externos supone que dejamos de lado cualquier juicio o evaluación, y nos mantenemos puramente observacionales.

Estar presente se puede resumir en la simple instrucción: "Note X" (Harris, 2009), en la que X bien puede ser un paisaje, tu respiración, un pensamiento o un objeto. Para lograr esto, se emplea la práctica de la atención como un estado de ver los acontecimientos en el aquí y ahora de una manera no crítica (Kabat-Zinn, 1994 en Hayes y Strohsal 2004). Es importante recordar que, aunque este proceso puede aprenderse primero por sí mismo, se fomenta constantemente un estado de atención plena mientras se trabaja con los otros seis procesos centrales de la terapia. Ya hemos visto esto en la evitación experiencial y la defusión cognitiva. El hecho de permitirnos comprender con precisión lo que está sucediendo, para tomar una decisión plenamente consciente sobre si cambiar o persistir en un determinado comportamiento, nos permitirá tomar medidas eficaces (Harris, 2009). Aunque estar presente es un proceso crucial y muy útil en la ACT, también es normal y recomendable escapar de ella de vez en cuando, a través de soñar despierto, leer, ver la televisión, etc. (Harris, 2009).

La conexión entre la participación plena en lo que estamos haciendo, con satisfacción y satisfacción, ha sido establecida por Kabat-Zinn (1990, en Harris 2009). De hecho, cualquier acción simple (por ejemplo, como comer) un espacio (por ejemplo, una habitación), o una parte de tu cuerpo (por ejemplo, nuestra propia mano), puede convertirse en fascinante, si tomamos la tiempo para observarlo atentamente. Esto a su vez hace que la vida sea más rica; la vemos de verdad, en lugar de simplemente dejarla pasar delante de nosotros sin tomarnos el tiempo de notarla (Harris, 2009). Estar presente en la conciencia pura del presente también nos permitirá acceder a otra parte del ser, el autocontexto.

El yo como contexto

ACT distingue y trabaja con tres sentidos del yo (Hayes, Strohsal & Wilson, 2012), el yo conceptualizado, la autoconciencia en curso, y el yo como contexto o el yo como perspectiva. En el yo conceptualizado están todos los pensamientos, ideas, hechos, imágenes, juicios, creencias, etc. que describen "quién soy" como persona. La fusión con este autoconcepto lleva a un sentido de "autodescripción", donde nos convertimos en nuestros propios pensamientos. En el proceso de autoconocimiento o autoproceso, nos comprometemos con el presente, y nos damos cuenta de nuestras experiencias internas y externas en curso; todavía no nos hemos apegado a esta experiencia del presente. Por último, el autocontexto es un espacio, perspectiva o punto de vista, donde todo lo que se nota ocurre; es el "yo" constante que observa lo que se está notando en ese momento (Harris, 2009). La "metáfora de la lámpara de hendidura" (Harris, 2009) ayuda a aclarar esto: al caminar en una habitación oscura con una lámpara de hendidura, iluminamos una parte de la habitación que conticne muebles. El mobiliario representa nuestro yo conceptualizado, el rayo de luz nuestra autoconciencia, y la lámpara misma nuestro autocontexto. Este "yo" es a menudo referido en el ACT como el "yo observador", y está implícito en todos los ejercicios de atención. Si la instrucción básica de mindfulness es "notar X", existe el proceso de notar, y hay un lugar desde el cual sucede que nunca cambia (Harris, 2009). Desde el momento en que lo que es experiencial y continuo se convierte en fijo y rígido, hemos pasado de un yo en proceso a un yo conceptualizado, y por lo tanto promovido la inflexibilidad psicológica (McHugh & Stewart, 2012). Las personas normalmente permanecen en su autocontenido, y les gustaría cambiar su contenido por uno mejor (Hayes, Strohsal y otros, 1999 en

McHugh & Stewart, 2012). La principal distinción entre el auto-proceso y el auto-contenido, es que durante este proceso, aún no hemos fusionado el auto con el contenido (McHugh & Stewart, 2012). Sin embargo, mientras estamos en auto-proceso, es fácil apegarse rápidamente al contenido, cambiando así de nuevo a nuestro yo en el contenido (McHugh & Stewart, 2012). Aunque el autocontexto siempre está presente y no cambia, su naturaleza lo hace psicológicamente casi invisible, desvaneciéndose detrás de nuestras actividades verbales. En consecuencia, el aspecto verbal de nuestras vidas (por ejemplo, soy bueno/malo, etc.) tiende a dominar, y perdemos contacto con este aspecto del "yo" que trasciende lo mejor o lo peor de nosotros (Black Ledge & Barnes-Holmes, 2009). El autocontexto puede confundirse fácilmente con la defusión, pero aunque la defusión es el desapego de los pensamientos, el autocontexto es el desapego de nuestro yo conceptualizado (McHugh & Stewart, 2012).

Desde la perspectiva del ACT, fusionarse con nuestro yo conceptualizado o autodescripción, ya sea esta descripción positiva o negativa, conduce a la inflexibilidad psicológica, que a su vez puede tener consecuencias negativas (Harris, 2009). Por ejemplo, si un pianista se fusiona demasiado con el concepto de "soy un gran pianista", puede llegar a un punto en el que no sienta la necesidad de seguir trabajando y desarrollándose, lo que a su vez puede tener un mal impacto en su carrera. Por ello, el ACT promueve la autoaceptación, a través de la atención y la defusión, en lugar de la autoestima, que se desarrolla a través del diálogo con uno mismo (Harris, 2009). Una experiencia más profunda de auto-aceptación es posible cuando en el lugar de auto-contexto; reconocemos el yo conceptualizado por lo que es (una construcción extremadamente compleja de pensamientos, creencias, imágenes, etc.). Estar en contacto con el auto-contexto nos permite estar en contacto con un sentido de sí mismo que es una perspectiva consistente y segura, donde podemos observar todas nuestras cambiantes experiencias internas (Hayes, 2012). Este proceso es especialmente útil para evitar la evasión de la experiencia, ya que permite experimentar sentimientos difíciles desde un punto de vista en el que los pensamientos y los sentimientos ya no controlan nuestras acciones (Walser & Westrup, 2007). Todo esto ocurre en el ámbito del autocontexto, y podemos compararlo con el cielo y el clima. No importa lo malo o bueno que sea el tiempo (no importa lo malo o bueno que sean mis pensamientos y sentimientos), bajo las nubes más densas, el cielo azul (auto-contexto) siempre está ahí (Harris, 2009).

Definición de valores

Los valores están en el centro mismo del ACT: "En el ACT, la aceptación, la defusión, el ser pre

El envío, y los otros procesos centrales, no son fines en sí mismos, sino que despejan el camino para una vida más vital y coherente con los valores". (Hayes, Luoma y Walser, 2007, pág. 21). Los tres últimos procesos tienen como objetivo fomentar la flexibilidad psicológica, entendiendo que los pensamientos y sentimientos no controlan nuestras acciones. En el ACT, sin embargo, la razón por la que aceptamos sentimientos difíciles, nos exponemos a retos difíciles, o practicamos la defusión, es para que nuestra vida sea más rica y tenga más sentido; y por eso los valores juegan un papel central en esta terapia (Harris, 2009).

Los valores pueden definirse como "las cualidades globales deseadas de la acción continua". (Hayes, Bond y Barnes-Holmes, 2006, pág. 16). Los valores son acciones, cosas que podemos hacer (por ejemplo, compartir, ser un buen amigo) mientras que, por ejemplo, la felicidad no es algo que podamos hacer. Además, contrariamente a los objetivos, los valores se refieren al comportamiento en una "base continua" (por ejemplo, cantar en la ópera metropolitana es un objetivo que se define en términos de un tiempo y un espacio específicos, frente a cantar alegremente, que es algo que se puede hacer en cualquier lugar y en cualquier momento). En segundo lugar, los valores tienen que ver con "cualidades globales" que pueden aplicarse a muchas pautas de acción diferentes, y que nunca alcanzamos totalmente (por ejemplo, cuidar o perseverar es algo que siempre podemos seguir haciendo; Hayes et al., 2006). Por último, los valores son "deseados" o "elegidos" y no es necesario justificarlos (Hayes et al. 2012). Son declaraciones de cómo queremos actuar de forma continua y en diferentes aspectos de nuestra vida (Harris, 2009). Como señalan Hayes y otros (2003), el lenguaje es un instrumento muy útil cuando se trata de juzgar y evaluar las acciones de acuerdo con algunas normas, pero si evaluamos los valores, ¿con qué valores los evaluaremos entonces? Por lo tanto, ACT considera que valorar supera cualquier análisis lógico, y las formas racionales de tomar decisiones. "Seleccionar valores es más como postular, asumir

u operando sobre la base de un axioma que es como averiguar, planificar, decidir o razonar. Valorar es una elección, no un juicio" (Hayes y otros, 2003, pág. 204).

Como hemos visto, de acuerdo con la filosofía del contextualismo funcional en la que se basa la terapia de aceptación y compromiso, la verdad siempre está determinada por el contexto o la viabilidad (Hayes, Luoma y Walser, 2007). Por consiguiente, el debate sobre si un pensamiento o comportamiento es verdadero o falso, malo o equivocado ya no es relevante. Lo que importa es si, en un contexto específico, el pensamiento o el comportamiento está de acuerdo con nuestros valores (Hayes et al., 2007). Asimismo, el objetivo de ACT es asegurar que nuestros objetivos y acciones estén determinados no por pensamientos o sentimientos, que siempre están cambiando, pero por nuestros valores, que funcionan como una brújula, mostrándonos la dirección correcta a seguir (Harris, 2009).

Centrarse en los valores, más que en los objetivos, tiene varios beneficios. En primer lugar, los valores están en el aquí y ahora, mientras que los objetivos están en el futuro. Aunque nunca es demasiado tarde para actuar de acuerdo con nuestros valores, debemos esperar para lograr un objetivo. En segundo lugar, los valores son algo que podemos controlar; en cualquier momento podemos actuar de acuerdo con nuestros valores. Los objetivos, por el contrario, pueden o no alcanzarse; y esto no está totalmente bajo nuestro control (Harris, 2009). Por consiguiente, tener éxito en el ACT significa vivir de acuerdo con los valores en lugar de estar definido por los logros (Harris, 2009). Los valores están a nuestra disposición en todo momento, y es importante saber cómo priorizarlos (Harris, 2009). El autor también nos alerta del peligro de aferrarse demasiado a los valores y fundirse con ellos. Al hacerlo, los valores pueden convertirse en mandamientos rígidos en lugar de guías flexibles, lo que a su vez fomentará la inflexibilidad psicológica.

Acción comprometida

La acción de compromiso es la etapa del ACT en la que tenemos la oportunidad de poner en práctica todos los demás procesos que hemos desarrollado para hacer lo que importa y, lo que es más importante, para seguir haciendo lo que importa. Más concretamente, en la acción de compromiso pasamos de conocer nuestros valores a hacer lo necesario para vivirlos, estableciendo objetivos o cursos de acción específicos (Hayes et al. 2003). El psicólogo Russ Harris (2009) define 4 pasos para la acción comprometida: elegir un ámbito de la vida en el que el cambio sea más necesario; elegir los valores a perseguir en este ámbito; desarrollar metas guiadas por estos valores; y actuar de forma consciente con la ayuda de la aceptación, la defusión y la presencia. Según el autor, a medida que generalizamos este enfoque a otros dominios y pautas de acción comprometida, el efecto se extenderá rápidamente a todos los dominios de la vida (Harris, 2009).

Para definir concretamente los objetivos, son necesarios dos pasos. En primer lugar, los objetivos deben ser SMART, es decir: Específicos (cuanto más mejor), Significativos (guiados por valores), Adaptativos (Cómo se adaptará este objetivo a mi vida, qué beneficios conlleva), y Con plazos (establecer una fecha específica si es posible). En segundo lugar, deben clasificarse en términos de objetivos inmediatos (lo más simple y fácil que puedo lograr en este momento), objetivos a corto plazo (para hacer en los próximos días y semanas), objetivos a mediano plazo (para hacer en las próximas semanas y meses), y objetivos a largo plazo (para hacer en los próximos meses o años; Harris, 2009). Es particularmente importante establecer objetivos a corto plazo para centrarse en el presente, y no quedarse estancado en grandes objetivos a largo plazo, que sólo podrán alcanzarse en un futuro lejano (Harris, 2009). Los objetivos del DIE, los objetivos de las personas muertas (algo que no se quiere hacer), los objetivos imposibles y los objetivos emocionales (cambiar lo que se siente), son tres tipos de objetivos que no son útiles y pueden socavar activamente nuestros esfuerzos de cambio; por lo tanto, deben evitarse al definir los objetivos (Jackson Brown, 2013). Declarar estos objetivos públicamente es una muy buena manera de comprometerse más con ellos (Harris, 2009).

CAPÍTULO 7
Modelo ACT de sufrimiento psicológico

Según Hayes (2004), la fusión cognitiva prolongada y la experiencia

La evasión conduce a la inflexibilidad psicológica. Se cree que estos procesos

Subrayan la etiología y el mantenimiento de diferentes dificultades psicológicas

(Hayes y otros, 1996). Estos tres conceptos se describen ahora.

Fusión Cognitiva.

La fusión cognitiva se refiere a la excesiva e inapropiada tendencia a actuar de acuerdo con el contenido literal de los pensamientos en lugar de como el proceso continuo del pensamiento (Hayes et al., 1999; Hayes et al., 2006). Durante este proceso, el individuo se guía más por las reglas y relaciones verbales en lugar de guiarse por otros aspectos del entorno en el momento presente (Hayes et al., 2006). Esto es particularmente problemático cuando este

Contribuye a los comportamientos que llevan a un individuo lejos de su vida elegida

Valores.

En la Terapia de Aceptación y Compromiso, la "fusión cognitiva" se refiere a la tendencia humana a enredarse con los pensamientos como resultado de una fuerte creencia en su contenido literal. En otras palabras, escuchamos y creemos lo que nuestra mente nos dice. Por supuesto, enredarse con los pensamientos no siempre es problemático. Cuando tu mente te dice cómo equilibrar tu cuenta bancaria o conducir tu coche de forma segura, escuchar puede ser adaptativo. ¿Qué sucede cuando tu mente te dice que eres aburrido o poco atractivo? La fusión con este tipo de pensamientos probablemente resulte en intentos de evitar las experiencias que usted asocia con estos pensamientos. Por ejemplo, puede evitar las interacciones sociales o románticas aunque el hecho de estar cerca de otras personas sea muy importante para usted. De esta manera, la fusión cognitiva nos aleja de vivir alineados con nuestros valores.

Es más probable que la fusión surja a través de seis dominios cognitivos: reglas, razones, juicios, pasado, futuro y yo.

Reglas: El pensamiento gobernado por reglas a menudo consiste en un lenguaje de "debería" y "si entonces". Podrías pensar, "Si estoy en terapia, entonces debe significar que estoy loco. Debería ser más normal. Si la gente sabe lo mal que estoy realmente, entonces nunca me aceptarán". La fusión con el pensamiento gobernado por reglas equivale a la inflexibilidad, que invariablemente resulta en sufrimiento.

Razones: El pensamiento gobernado por la razón consiste típicamente en excusas de por qué el cambio es imposible. Puede que tengas pensamientos como: "No tengo la fuerza de voluntad para cambiar", "No soy lo suficientemente inteligente (lo suficientemente fuerte, lo suficientemente capaz, etc.)", "Soy demasiado perezoso (enfermo, desafortunado, etc.)" o "Mi ansia (ansiedad, depresión, etc.) es demasiado fuerte para luchar". La fusión con el pensamiento gobernado por la razón le impide hacer cambios significativos, incluso cuando esos cambios están en línea con los valores importantes de la vida.

Juicios: La fusión con los juicios puede plantear un problema tanto si las evaluaciones son negativas (por ejemplo, "Soy tan fea" o "Esta ansiedad es insoportable") como si son positivas. Por ejemplo, considere a alguien que pone en un pedestal a sus amigos, colegas, miembros de la familia o profesionales de ayuda y se siente crónicamente decepcionado cuando no cumple con las expectativas.

Pasado y futuro: La fusión con el pasado o el futuro puede implicar un contenido tanto desagradable como agradable; fusión con recuerdos negativos, deseo de recapturar experiencias positivas del pasado, engancharse con temores sobre el futuro o desear días más brillantes por delante. Todas estas formas de fusión te sacan del momento presente. A veces este proceso sirve como una forma cognitiva de evitar la experiencia; aunque esto puede producir un alivio leve y temporal, a largo plazo sólo resulta en sufrimiento. En última instancia, como todos los tipos de fusión, tiende a alejarte de las cosas que son más importantes para ti. Si, por ejemplo, te enganchas con pensamientos como "La última vez que me entrevisté para un trabajo, fue un desastre total; la próxima vez será lo mismo", es probable que evites futuras entrevistas de trabajo, incluso si el desarrollo de la carrera es una búsqueda de vida significativa para ti.

El yo: Los pensamientos sobre el yo son historias que cuentas y que conforman tu sentido de identidad. Típicamente comienzan con "Yo soy", y en el ACT, se refieren a ellos como el yo conceptualizado. Este tipo de fusión te lleva a ser impulsado por las historias que tienes sobre ti mismo (por ejemplo, "Soy el tipo de persona que está custodiada"), en lugar de por tus valores (por ejemplo, "Quiero ser un compañero abierto y vulnerable").

Defusión cognitiva

La defusión cognitiva es el proceso por el cual cambias la relación con tus pensamientos dando un paso atrás y simplemente presenciando su presencia. Cuando se desactiva, se desenmarañan de tu autohabla y observar las cogniciones como entidades separadas de ti mismo, como simples palabras. Esto te permite mirar tus pensamientos en vez de desde ellos.

Por ejemplo, si tienes el pensamiento, "Presentar en una conferencia profesional es demasiado aterrador; mis colegas pensarán que soy un fraude incompetente", entonces probablemente puedes ver que la fusión con este pensamiento es probable que resulte en evitar las presentaciones profesionales. Si bien esta evasión sin duda reduciría la ansiedad a corto plazo, también significaría perder una importante oportunidad profesional, y la ansiedad persistiría a largo plazo. ¿Qué pasaría si en lugar de ello, simplemente presenciara lo que la mente dice de forma muy parecida a como se ve un protector de pantalla desplazándose por su ordenador? Imagina que tu comportamiento podría ser diferente si eligieras ver este pensamiento simplemente como algunas palabras que pueden o no ser verdaderas.

La defusión crea un pequeño espacio de maniobra para tomar decisiones valiosas. Por ejemplo, si el hecho de pensar en presentar en una conferencia profesional te hace evitar las presentaciones profesionales, entonces simplemente observando el pensamiento te da el espacio para hacer una elección diferente. Lo importante es que esto no significa que el pensamiento desaparezca. Simplemente significa que estás tomando la decisión de no dejarte llevar por su contenido. De esta manera, usted es libre de seguir avanzando en direcciones que son importantes para usted; tal vez, por ejemplo, difundir su conocimiento experto a sus colegas.

Los ejercicios de defusión se dividen en dos grandes categorías: retroceder y observar el contenido de la mente, y mostrar el lenguaje como lo que es, una producción verbal de sonidos y sílabas.

Evitación Experimental.

La evitación experimental implica que un individuo no está dispuesto a experimentar eventos privados desagradables (pensamientos, recuerdos, sentimientos, sensaciones físicas), e intenta alterar la forma o frecuencia de los mismos. La evitación puede adoptar diferentes formas. Puede implicar distracción, supresión o situaciones de evasión. A corto plazo puede aliviar las sensaciones desagradables, pero con el tiempo puede reforzarse negativamente, aumentando la

Probabilidad de que se empleen estrategias de evitación experiencial cuando se enfrenten situaciones similares en el futuro (Chapman, Gratz y Brown, 2006). Sin embargo, se ha demostrado que la evitación tiene un efecto paradójico en el sentido de que aumenta la frecuencia, la gravedad, la prominencia y la accesibilidad de estos acontecimientos privados que pueden contribuir a la angustia psicológica (Cioffi & Holloway, 1993; Wegner, 1994). También puede conducir a un comportamiento que es inconsistente con los valores de un individuo.

Inflexibilidad psicológica.

El ACT considera que estar excesivamente enredado en la fusión cognitiva y la evasión experiencial contribuye a la inflexibilidad psicológica, o rigidez. Otras características fundamentales de la inflexibilidad psicológica incluyen la preocupación por el pasado y el futuro mientras se pierde el contacto con el momento presente, el apego al yo conceptualizado por el cual un individuo actúa en línea con historias rígidas sobre sí mismo que pueden ya no aplicarse y, finalmente, no dar pasos hacia el propio valor.

CAPÍTULO 8

La terapia de aceptación y compromiso en el tratamiento del dolor crónico

El dolor y el sufrimiento

Los seres humanos, a diferencia de los animales, parecen capaces de sufrir en medio de la abundancia. Si a los animales se les da comida, calor, refugio y cuidados, parecen perfectamente satisfechos, mientras que los seres humanos, por el contrario, con lujos mucho mayores, parecen en su mayoría descontentos. Esta paradoja del sufrimiento humano puede ilustrarse con el ejemplo de Suecia. Los ciudadanos de Suecia disfrutan de uno de los más altos estándares de vida y de los mejores ambientes de trabajo del mundo. Todos están totalmente cubiertos por una atención sanitaria gratuita y de alta calidad. La educación excelente, incluyendo los estudios universitarios, es gratuita y abierta a todos. En ningún otro lugar del mundo hay más tiempo de vacaciones, una semana laboral más corta, un mayor número de vacaciones, o más tiempo de licencia de maternidad remunerada. Al mismo tiempo, Suecia tiene más trabajadores con licencia por enfermedad e incapacidad laboral debido a dolor crónico y trastornos relacionados con el estrés que cualquier otra parte del mundo. Suecia también tiene una de las tasas de suicidio más altas del mundo. Esta paradoja sugiere que el sufrimiento humano no se reduce fácilmente con un nivel de vida más alto, el acceso gratuito a la atención de la salud y la educación de alta calidad y un buen entorno de trabajo. De hecho, intentar reducir el sufrimiento humano de esta manera puede llevar a otros problemas.

Los clientes con dolor crónico sufren enormemente, al igual que muchos profesionales en sus intentos de ayudarlos. La mayoría de los tratamientos médicos tradicionales para el dolor crónico tienen por objeto reducir o controlar las sensaciones de dolor. Los analgésicos, los relajantes musculares y los antidepresivos son los tratamientos más comunes. En los últimos años, varios meta-análisis que evalúan los tratamientos del dolor establecidos que se utilizan hoy en día (Bigos, Bowyer, & Braen, et al., 1994; Morley, Eccleston, & Williams, 1999; van Tulder, Goossens, Waddell, & Nachemson, 2000) han demostrado que estos tratamientos médicos, que pueden ser eficaces en el dolor agudo, no son eficaces con el dolor crónico y pueden, de hecho, estar causando más problemas. Una conclusión radical y provocadora a la que llegaron los autores de una evaluación del gobierno sueco (van Tulder, et al., 2000) de todos los tratamientos médicos establecidos que se ofrecen hoy en día fue que el mejor tratamiento que un médico de atención primaria podía dar a un paciente con dolor crónico no era nada. El hecho de no dar ningún tratamiento tenía resultados mucho mejores que cualquiera de las soluciones médicas ofrecidas hoy en día para el dolor crónico. La mayoría de los tratamientos del dolor están diseñados para el dolor agudo y son útiles para éste, pero su uso a largo plazo puede crear más problemas, como el abuso de sustancias y la evitación de actividades importantes. El dolor, en sí mismo, es una parte inevitable de la vida. Sin él no podríamos sobrevivir. El elemento común de la mayoría de los tratamientos del dolor desarrollados en las culturas occidentales durante los últimos 50 años es que hacen hincapié en evitar el dolor o en luchar para reducirlo. Cuando el dolor era inevitable, lo tolerábamos. Cuando el dolor se hizo evitable, se hizo intolerable. Lo que hemos creado, con todos nuestros analgésicos y estrategias de control del dolor, es una intolerancia y una mayor sensibilidad al dolor.

ACT para el dolor crónico

La terapia de aceptación y compromiso (ACT; Hayes, Strosahl y Wilson, 1999) es un enfoque basado en la aceptación y la atención que puede aplicarse a muchos problemas y trastornos, incluido el dolor crónico. Parece ser una poderosa herramienta terapéutica que puede reducir el sufrimiento tanto para el cliente como para el profesional que lo trata. El ACT hace hincapié en la observación de los pensamientos y los sentimientos tal como son, sin tratar de cambiarlos, y comportándose de manera consistente con las metas y direcciones de la vida. ACT ha mostrado resultados prometedores en varios estudios recientes (Bach & Hayes, 2000; Bond & Bunce, 2000; Dahl, Wilson & Nilsson, en prensa; McCracken, Vowles & Eccleston, 2004; Zettle, 2003).

La premisa básica del TCA aplicada al dolor crónico es que, si bien el dolor duele, es la lucha contra el dolor lo que causa el sufrimiento. La sensación de dolor en sí misma es un reflejo incondicional que sirve para alertarnos del peligro o del daño de los tejidos. La sensación nociva de dolor es crítica para nuestra supervivencia. Lo mismo se aplica al dolor emocional, como el "corazón roto" que sentimos por la muerte de un ser querido o la pérdida de una relación. Sabemos que es natural y necesario sentir ese dolor en el proceso de duelo para poder sanar y seguir con nuestras vidas. En el caso del dolor crónico, los factores causales y de mantenimiento pueden ser poco claros, y los esfuerzos para reducir o eliminar el dolor pueden ser infructuosos. En estos casos, los intentos continuos de controlar el dolor pueden ser inadaptados, especialmente si causan efectos secundarios no deseados o impiden la participación en actividades valiosas, como el trabajo, la familia o la participación en la comunidad (McCracken, Carson, Eccleston y Keefe, 2004).

McCracken y otros (2004), en su elaboración del Cuestionario de Aceptación del Dolor Crónico (CPAQ), han demostrado que son importantes dos aspectos primarios de la aceptación del dolor: 1) la disposición a experimentar el dolor y 2) la participación en actividades valiosas de la vida incluso frente al dolor. La aceptación del dolor se correlacionó con una menor intensidad del dolor autocalificado, una menor depresión autocalificada y ansiedad relacionada con el dolor, una mayor capacidad física y social, una menor evitación del dolor y una mejor situación laboral. Este estudio también demostró que la aceptación del dolor no se correlacionaba con la intensidad del mismo. En otras palabras, no eran las personas con menos dolor las que estaban más dispuestas a aceptar el dolor. Además, estudios de laboratorio con poblaciones clínicas y no clínicas (por ejemplo, Gutiérrez, Luciano, Rodríguez y Fink, en prensa; Hayes y otros, 1999; Levitt, Brown, Orsillo y Barlow, en prensa) han demostrado que las técnicas de aceptación utilizadas en la ACT (como la observación y aceptación de los pensamientos y sentimientos tal como son) producen una mayor tolerancia del dolor y la incomodidad agudos que las técnicas más tradicionales de control del dolor, como la distracción y la reestructuración cognitiva. La tolerancia al dolor se midió como la duración de la tolerancia y el tiempo de recuperación de diferentes formas de malestar, como sostener una mano en agua helada o inhalar aire enriquecido con dióxido de carbono, que causa sensaciones fisiológicas de pánico. En la ACT y otros enfoques basados en la atención plena, el dolor se considera una parte inevitable de la vida que puede aceptarse, mientras que la lucha por evitar el dolor ineludible causa más sufrimiento. La lucha contra el dolor se ve como una forma de no aceptación o resistencia a "lo que es". La intensidad del sufrimiento depende del grado de fusión del cliente con los pensamientos y sentimientos asociados al dolor. La fusión es el grado en que el cliente cree los pensamientos relacionados con el dolor (por ejemplo, "No puedo hacer nada útil o agradable debido a mi dolor" y "Tengo que deshacerme de mi dolor antes de poder hacer algo que valga la pena en la vida") y actúa de acuerdo con esos pensamientos y emociones relacionadas. De esta manera, la mayor parte del sufrimiento en el dolor crónico es autocreado e innecesario. Cuanto más lucha el cliente para escapar del dolor, más sufre. El objetivo de la ACT en el tratamiento del dolor crónico es ayudar al cliente a desarrollar una mayor flexibilidad psicológica en la presencia de pensamientos, sentimientos y comportamientos asociados con el dolor.

La atención en el ACT

La atención es un elemento clave utilizado en el ACT para establecer un sentido de sí mismo que es mayor que los pensamientos, sentimientos y otros eventos privados de uno. Al practicar los ejercicios de mindfulness, los clientes aprenden a desarrollar una perspectiva de "observarse a sí mismos", en la que pueden examinar los pensamientos y sentimientos previamente evitados de una manera no reactiva y no crítica. La adopción de esta perspectiva de observador facilita la defusión cognitiva, en la que el cliente aprende a notar los pensamientos sin necesariamente actuar sobre ellos, ser controlado por ellos o creerlos. Así, los pensamientos relacionados con el dolor que le dicen al cliente que evite determinadas situaciones o actividades pueden ser vistos por lo que son (pensamientos), en lugar de por lo que dicen ser (verdad o realidad). La perspectiva del observador-objetivo también permite que se exponga a emociones y sensaciones previamente evitadas. La exposición generalmente reduce el miedo a estos fenómenos y conduce a una mayor flexibilidad de comportamiento en su presencia. Por último, la atención consciente ayuda al cliente a mantener la conciencia del momento presente y a desarrollar la persistencia para dar pasos en direcciones valiosas.

El uso de la atención plena es crítico para ayudar a los clientes a identificar direcciones de vida valiosas que son intensamente personales y profundamente importantes para ellos, y que proporcionarán un refuerzo positivo natural. Los clientes que están "atascados" en el dolor crónico están mayormente activos en la lucha no vital de reducir el dolor en lugar de vivir las vidas vitales de su elección. La mayoría de los clientes con dolor crónico vendrán a la clínica del dolor diciendo que todo lo que quieren es liberarse del dolor. Gran parte de su atención en la vida se centra en el tratamiento del dolor. No hay mucha vitalidad en la atención de los síntomas del dolor. Por otro lado, las direcciones valiosas, que probablemente han sido puestas en espera al servicio de la reducción del dolor, contienen el refuerzo positivo o la vitalidad necesaria para motivar el cambio de comportamiento para volver a vivir una vida valiosa. Desde un punto de vista individual, la valoración es algo intensamente personal, y en un sentido profundo del término, libremente elegido. Valorar es un término utilizado en el ACT que significa actuar en sus direcciones valoradas, frente a tener pensamientos y sentimientos que pueden ser desagradables o dolorosos.

Otros elementos del ACT en el tratamiento del dolor crónico

El enfoque tradicional de la terapia cognitivo-conductual (TCC) para el tratamiento del dolor crónico intenta reducir las conductas de dolor y aumentar las conductas saludables. La TCC tiene un enfoque diferente del fenómeno del dolor crónico, que se caracteriza por construir una flexibilidad psicológica en el contexto de los valores del cliente. Varios conceptos son importantes para comprender el enfoque del ACT para el dolor crónico.

1.   Evitar el dolor por experiencia

La evitación de experiencias es la evaluación negativa y la falta de voluntad para mantener el contacto con las experiencias internas, como las sensaciones corporales, las emociones, las cogniciones y los impulsos, y los esfuerzos para evitar, escapar, cambiar o terminar estas experiencias, incluso cuando hacerlo es perjudicial (Hayes, Wilson, Gifford, Follette y Strosahl, 1996). Típicamente, cuando sentimos sensaciones de dolor, el sistema nervioso simpático es alertado y evitamos o escapamos del dolor antes de tener tiempo para pensar. Este reflejo es esencial para la supervivencia. Además, sin embargo, los seres humanos pueden imaginar el dolor y reaccionar a él como si estuviera realmente presente. Por ejemplo, nos acobardamos ante la idea de que nos taladren los dientes, aunque no haya ningún taladro presente. Podemos asustarnos cuando sentimos nuestras propias palpitaciones del corazón, o estar tensos y aprensivos si esperamos dolor. Si reaccionamos a estos pensamientos, sensaciones y expectativas sobre el dolor con evasión, escape o resistencia, podemos crear más problemas. Por ejemplo, podemos evitar situaciones o actividades que son necesarias para nuestro bienestar, como ir al dentista o hacer ejercicio aeróbico.

Cuanto más intentemos evitar el dolor y las situaciones, pensamientos y actividades asociadas, más restringidas se vuelven nuestras vidas. Uno de los objetivos de la ACT en el tratamiento del dolor crónico es que el cliente acepte que el dolor es una sensación normal e inevitable que nos llegará a todos los que vivimos. La ansiedad y el miedo son reacciones naturales al dolor y también son normales e inevitables. Usando ejercicios de atención, el cliente puede aprender a ver las sensaciones de dolor como señales de advertencia físicas normales que alertan la atención, o como parte de su condición de dolor crónico en curso. El cliente aprende a observar la tendencia natural a escapar o evitar el dolor. Estar presente en este proceso mejora la capacidad de elegir activamente si la evitación o la exposición a la experiencia de dolor es más funcional.

Guiones de la mente del dolor

En el modelo ACT, la mente humana es a veces llamada la "máquina de no ser comido". Su trabajo consiste en comparar, evaluar, emitir juicios, recordar los peligros y fracasos del pasado y advertir sobre posibles catástrofes futuras. Tan pronto como las sensaciones de dolor han sido percibidas por el cerebro, la mente comienza a producir cogniciones o "guiones" sobre el dolor. Estos guiones de la mente incluyen pensamientos sobre las causas del dolor y reglas destinadas a protegerse de un mayor dolor.

Las reglas comunes incluyen los siguientes temas: "una persona con tu dolor no puede trabajar", "encárgate de tu dolor primero antes de hacer cualquier otra cosa", "cualquier esfuerzo físico podría causar más dolor" y "evita cualquier estrés o exigencia hasta que te hayas librado de tu dolor". Reglas como éstas contribuyen a una vida caracterizada por evitar el dolor y la incapacidad de moverse en direcciones valiosas. Si el cliente se fusiona con estas creencias, es poco probable que su comportamiento cambie, independientemente del tratamiento. Uno de los objetivos del ACT es desactivar al cliente de estos guiones mentales. El cliente aprende a través de la práctica de ejercicios de consciencia para adoptar la perspectiva de observador-auto. Desde esta perspectiva, el cliente aprende a observar y separarse de los guiones que la mente produce. Es decir, el cliente aprende que, "Tengo pensamientos, pero no soy mis pensamientos, tengo sentimientos pero no soy mis sentimientos. Soy mucho más grande que todos estos componentes, y no tengo que ser controlado por mis pensamientos y sentimientos."

Valora la enfermedad

En el modelo ACT, la enfermedad de los valores es una condición que se desarrolla cuando una persona pone

Valiosas actividades en espera al servicio de la reducción de los síntomas, en este caso el dolor. Como el dolor

la gestión ocupa cada vez más el tiempo de la persona, otras actividades valiosas son

Descuidado. Para la mayoría de la gente, actividades valiosas como el contacto social, el ejercicio, la intimidad

Las relaciones, la crianza de los hijos, el trabajo profesional o la participación en la comunidad dan sentido a la vida. Al descuidar estas actividades que se refuerzan naturalmente, corremos el riesgo de perder lo que tiene sentido y de deprimirnos. Cuando el manejo del dolor se convierte en nuestra principal ocupación, es probable que suframos de "enfermedad de los valores". "Se pueden utilizar varios ejercicios para ayudar al cliente a identificar valores consistentes de larga data. Un método frecuentemente utilizado en el ACT es establecer la brújula de la vida del cliente. Este método se ilustrará en el ejemplo de caso que se presenta más adelante en el capítulo. El propósito de hacer la brújula es ayudar al cliente a expresar direcciones consistentemente valoradas para su vida Y a mirar cómo está viviendo realmente hoy. La brújula de la vida también aclara las barreras verbales o las razones por las que el cliente cree que no puede moverse en esas valiosas direcciones.

Otro ejercicio que hemos desarrollado para identificar direcciones valiosas es el ejercicio funerario. Se le pide al cliente que imagine estar presente en su propio funeral. Se le pide al cliente que invite a las 5 o 6 personas que más le gustaría que estuvieran presentes. El ejercicio tiene tres partes. En la primera parte, el cliente expresa lo que teme que los seres queridos presentes piensen en el cliente mientras se despiden. En la segunda parte, el cliente escucha a los seres queridos mientras expresan los temores del cliente. En la parte final, el cliente tiene una segunda oportunidad y se le instruye a hablar directamente con cada uno de los seres queridos. Se le pide al cliente que exprese qué tipo de relación quiere tener con cada uno de los seres queridos y también se comprometa con respecto a lo que ahora está dispuesto a hacer en

para crear esa relación. La acción comprometida o "valoración" se refiere a hacer declaraciones públicas sobre hacer lo que sea necesario para empezar a moverse en esa valiosa dirección.

Para el cliente que ha estado ocupado con el tratamiento del dolor, este ejercicio saca a la luz la discrepancia entre los valores profundamente importantes y las actividades del tratamiento del dolor. Los temores se describen comúnmente en torno a los siguientes temas: "Temo que mis hijos piensen que sólo pensé en mi dolor el año pasado y que no estuve ahí para ellos", "Temo que mis amigos piensen que no me preocupé por ellos porque no me tomé el tiempo para ellos", "Temo que mi esposo (pareja) piense que dejé que mi matrimonio se arruinara y no me tomé el tiempo para desarrollarlo", y así sucesivamente. El cliente ve claramente la discrepancia entre sus direcciones de valor vital (estar ahí para mis hijos, trabajar para mantener mi matrimonio, mantener la vitalidad en mis amistades) y las actividades no vitales dominantes hechas al servicio del control del dolor.

Para la mayoría de los clientes, ver la enorme discrepancia entre lo que valoramos y cómo actuamos puede ser suficiente para motivar un cambio significativo de comportamiento en las direcciones valoradas. Las direcciones valoradas del cliente son los refuerzos positivos naturales que motivan el duro trabajo de exposición en la terapia. El manejo del dolor no puede ser una dirección valiosa en sí misma porque no contiene refuerzos positivos naturales. El cliente que ha estado ocupado con pensamientos y comportamientos de reducción del dolor probablemente necesita reconectarse a direcciones de vida profundamente importantes. En resumen, estos tres componentes (evitación de la experiencia, guiones de la mente para el dolor y enfermedad de valores) deben abordarse con el objetivo de crear flexibilidad psicológica.

Dolor limpio y dolor sucio

El dolor limpio (dolor incondicional) es la sensación de dolor en sí misma que nos alerta de que algo va mal. Es natural evitar y escapar del dolor limpio. El dolor sucio (dolor condicionado), por otro lado, se crea como resultado de nuestra resistencia a los pensamientos, expectativas y sentimientos de dolor asociados. Cuando disminuimos nuestra tolerancia a los pensamientos y sentimientos asociados con el dolor y nos involucramos en actividades enfocadas a evitar el dolor futuro, desarrollamos el dolor sucio. El ACT distingue entre evitar eventos peligrosos o lesiones (lo cual suele ser adaptativo) y evitar sentimientos y pensamientos sobre eventos peligrosos (lo cual suele ser inadaptado). "El dolor florece en tu ausencia". Mientras que el cliente está "ausente" del presente viviendo en los guiones de la mente del dolor del pasado o del futuro, hay poco control sobre la vida de uno. Ni el pasado ni el futuro están dentro de nuestro control. Sólo controlamos el presente. Presentarse a la sensación de dolor real y discriminar el dolor limpio del sucio es una parte esencial del tratamiento.

¿Cómo difiere el enfoque de la TCA para el dolor crónico de la TCC tradicional

En general, la diferencia entre el modelo de tratamiento TCC tradicional y el modelo TCA de dolor crónico radica en la filosofía contextualista que subyace a la terapia TCA... La base del contextualismo funcional con su teoría única (Teoría del Marco Relacional) del lenguaje y la cognición conduce a un modelo de tratamiento del dolor crónico que, como la TCC tradicional, se basa en la exposición pero parece bastante diferente. En el enfoque tradicional de la TCC para el dolor crónico hay un énfasis en la reducción de las conductas de dolor y el aumento de las conductas saludables. Las técnicas de comportamiento tradicionales como la formación, el entrenamiento físico graduado, la educación sobre el dolor, el entrenamiento de habilidades sociales, la reestructuración cognitiva y el manejo de contingencias se utilizan para reducir las conductas de dolor y construir un movimiento normal, músculos relajados y técnicas de trabajo ergonómicas... Los objetivos comunes de la rehabilitación de TCC para los clientes incluyen mejorar la condición física, mejorar las habilidades sociales como la asertividad, aumentar las habilidades para sobrellevar el dolor y mejorar las habilidades ergonómicas para trabajar. El enfoque multidisciplinario de la rehabilitación ha sido reconocido como uno de los enfoques de tratamiento más eficaces para el dolor crónico en comparación con la mayoría de los enfoques médicos para el dolor. La diferencia en el enfoque de la ACT se encuentra principalmente en el marco contextual, incluido el enfoque de la atención plena. Los clientes en ACT, en contraposición a la TCC tradicional, se reconectan a su propio contexto de valores, lo cual sirve como motivación para el cambio de comportamiento en direcciones valiosas. En el enfoque ACT, el refuerzo positivo o lo que llamamos vitalidad se identifica a través del uso del contexto de valores y ejercicios de mindfulness. De esta manera, el contexto de valores proporciona el significado y la motivación para que el cliente desarrolle la voluntad de hacer los cambios necesarios para volver a la vida. El enfoque de ACT se centra en la potenciación de los propios recursos del individuo para la rehabilitación. La relación terapéutica difiere del modelo tradicional de TCC en que se considera que el cliente es competente y capaz de hacerse cargo de su propia rehabilitación. Esto a su vez crea otras diferencias.

Por ejemplo, cuando en la TCC tradicional se utilizan la aceptación, la atención, la defusión y la exposición, generalmente se utilizan junto con una variedad de otras técnicas, todas ellas vinculadas a la esperanza de que el dolor disminuya o se controle mejor como resultado de su uso. Por el contrario, en la aceptación de la TCA, la atención plena, la defusión y la exposición nunca se vinculan al tratamiento del dolor, la reducción o el afrontamiento en sí. En cambio, son métodos para mejorar una vida vital. En resumen, el modelo de TCA difiere de la TCC tradicional en su enfoque de avanzar hacia una vida vital en lugar de en el manejo del dolor.

CAPÍTULO 9
Grupos ACT

La base de pruebas que respalda el modelo ACT y su aplicación en un entorno de grupo está creciendo rápidamente (por ejemplo, Zettle, Rains, & Hayes, 2011). A continuación se presenta un resumen de los beneficios de la aplicación del ACT en un contexto de grupo. A continuación se explora una revisión de la literatura sobre el apoyo empírico de los grupos de TCA para la depresión, el TAG y el TAE, respectivamente. A continuación, se discute en detalle los estudios que investigan la eficacia y la satisfacción de los grupos de TCA para la depresión y la ansiedad tratados dentro del mismo grupo. Finalmente, se considera la investigación cualitativa que investiga el TCA en entornos de grupo, seguido de un resumen de este CLR y la pregunta de investigación.

Beneficios del ACT en un formato de grupo.

Se argumenta que la TCA es muy adecuada para ser administrada en un formato grupal y que, de hecho, puede aumentar su eficacia (Walser & Pistorello, 2004). Boone y Canicci (2013) afirman que el grupo puede proporcionar apoyo social y aliento a los individuos para que tomen medidas desafiantes hacia direcciones valiosas, lo cual es un componente importante de la ACT. Los conceptos de la ACT pueden ser contrarios a la intuición en el sentido de que es la naturaleza humana querer evitar las experiencias desagradables en lugar de aceptarlas. Además, el TCA puede ser difícil de comprender debido a la falta de familiaridad de sus conceptos (Bach y Moran, 2008). Walser y Pistorello (2004) sugieren que escuchar a los miembros del grupo "las interpretaciones y experiencias de los conceptos del ACT pueden mejorar la comprensión de otros miembros y motivarlos a perseverar". También sugieren que los grupos ACT pueden ser una buena oportunidad para practicar el estar dispuestos a enfrentar y compartir experiencias emocionales junto con relacionarse con otros de manera útil mientras se está en un clima de apoyo.

Apoyo empírico a los grupos ACT para la depresión.

El ACT se muestra prometedor cuando se realiza en un formato de grupo para la depresión. Folk, Parling y Melin (2012) asignaron al azar a los participantes que experimentaban depresión y que estaban desempleados y habían estado de baja por enfermedad durante mucho tiempo a un grupo de ACT (una sesión individual y cinco sesiones de grupo) versus el tratamiento habitual. Con respecto a la gravedad de la depresión, la salud general y la calidad de vida, los participantes del grupo de ACT mostraron mejoras significativamente mayores desde el pretratamiento hasta el seguimiento de dieciocho meses. Sin embargo, las reducciones en los niveles de depresión fueron modestas. Esto puede deberse a que el tratamiento fue relativamente corto y a que la depresión persistente se asoció con el desempleo a largo plazo. No hubo diferencias entre los grupos en relación con la baja por enfermedad y la situación laboral. Cabe señalar que no se exploró la cantidad de contacto en el grupo de control ni el tratamiento concomitante en el grupo de ACT. Por lo tanto, no está claro en qué medida los resultados se vieron influidos por otros factores no relacionados con el tratamiento con ACT. Además, en el estudio no se evaluó la adhesión a los principios del tratamiento con artemisinina. Sin embargo, la fidelidad al modelo de TCA fue supervisada en la supervisión regular.

Varios estudios han comparado el ACT en un contexto grupal con otras terapias psicológicas para el tratamiento de la depresión. Un estudio temprano de Zettle and Rains (1989) encontró mejoras similares en la depresión cuando se comparó un grupo de ACT con un grupo de terapia cognitiva (CT). Cabe señalar que este estudio se basó en una pequeña muestra (N = 31) de voluntarias femeninas que respondieron a los anuncios de los medios de comunicación. No está claro si los resultados de estos hallazgos pueden generalizarse a los hombres y a los que no se inclinan por el voluntariado, que pueden tener características diferentes a las de los voluntarios. En un nuevo análisis de estos datos realizado por Zettle y otros (2011), se demostró que el TCA produce mayores reducciones de la depresión autoinformada en el seguimiento. Un estudio más reciente ha sido realizado por Tamannaeifar, Gharraee, Birashk y Habibi (2014) que comparó la eficacia de un grupo de ACT versus un grupo de TC para los participantes con depresión. Encontraron que ambos grupos condujeron a reducciones significativas en la depresión y, de manera similar a los hallazgos de Zettle y Rains (1989), en el postratamiento no hubo diferencias significativas en la mejora entre los grupos. Las limitaciones de este estudio fueron que fue, de nuevo, pequeño y basado en una muestra femenina.

Otros dos estudios controlados aleatorios se centraron en muestras de universidades (Pellowe, 2007; Zhao, Zhou, Liu y Ran, 2013). En un estudio, Pellowe (2007) comparó un grupo breve de ACT con un grupo de terapia de apoyo para estudiantes con disforia. Ambos grupos mostraron mejoras desde el pre y el post tratamiento y el ACT fue superior sólo en lo que respecta a la flexibilidad psicológica. La fortaleza de este estudio fue que se hicieron buenos intentos para asegurar la fidelidad al tratamiento. En otro estudio, Zhao y otros (2013) compararon un grupo de ACT con CBGT para estudiantes chinos con depresión grave. Los resultados mostraron que aquellos en el grupo de ACT mostraron reducciones en la depresión y la rumiación mientras que el CBGT sólo mostró reducciones en la depresión. Como estos dos estudios se basaron en muestras de estudiantes, no se sabe si los resultados se obtendrían en el futuro.

Apoyo empírico a los grupos ACT para el TAG.

Un estudio altamente riguroso de Sachs (2005) asignó aleatoriamente a los individuos diagnosticados con TAG a un grupo de ACT, que incorporó elementos de exposición imaginaria y terapia centrada en la emoción, o a un grupo de WL. Un tercio de los que estaban en el grupo de ACT ya no cumplían con los criterios de diagnóstico del TAG después del tratamiento. Aunque los del grupo de ACT lograron mejoras significativamente mejores en la severidad de la ansiedad calificada por el médico, no hubo diferencias significativas entre los grupos con respecto a la severidad de la ansiedad calificada por el cliente. Swain, Hancock, Hain worth y Bowman (2013) destacan que un punto fuerte de este estudio fue que la capacitación de los asesores de la investigación fue bien

...especificado. Además, los evaluadores fueron ciegos a las condiciones y se hicieron buenos intentos para comprobar que así era. Sin embargo, una debilidad de este estudio fue que sus pequeños tamaños de muestra limitaron el grado en que los resultados pueden generalizarse a la población en general. Un estudio realizado por Avdagic, Morrissey y Boschen (2014) asignó aleatoriamente a los participantes diagnosticados con TAG a un grupo de TCA o TCC. Ambos grupos mostraron mejoras significativas que se mantuvieron en un período de seguimiento de tres meses. No se encontraron diferencias significativas entre los dos grupos. Sin embargo, más participantes del grupo de ACT lograron un cambio fiable (78,9%) en comparación con los del grupo de TCC (47,4%) al final del tratamiento en relación con la preocupación.

Aunque, en el momento del seguimiento, ambos grupos muestran tasas de cambio fiables equivalentes (60%). Las fortalezas de este estudio fueron que incluyó tanto a hombres como a mujeres y no excluyó a aquellos con dificultades co-mórbidas, como la depresión. Esto aumentó el grado en que la muestra era representativa de la población en general. Sin embargo, los participantes eran voluntarios que habían respondido a un anuncio y una gran proporción estaban empleados. Es cuestionable el grado en que los resultados pueden generalizarse a los que no se inclinan por el voluntariado y que están desempleados.

Apoyo empírico a los grupos de ACT para SAD.

Dos estudios no controlados (Kocovski, Fleming, & Rector, 2009; Ossman, Wilson, Storaasli, & McNeill, 2006) evaluaron la efectividad de una terapia de grupo basada en gran medida en la ACT para los participantes con TAE. Ossman y otros (2006) constataron mejoras significativas en los niveles de ansiedad social y en la evitación experimental en el seguimiento y el post tratamiento. También hubo mejoras significativas en la búsqueda de relaciones valiosas en el seguimiento. Se trataba de un ensayo relativamente pequeño con una alta tasa de desgaste (12 de 22 participantes completaron el tratamiento). También carecía de un grupo de control. Por lo tanto, se desconoce el grado en que el tiempo contribuyó a la reducción de los síntomas. Kocovski y otros (2009) encontraron tasas de desgaste similares en su ensayo ligeramente más grande (29 de 42 participantes completaron el tratamiento). En su estudio, en el postratamiento, los participantes mostraron mejoras significativas en la ansiedad social, la depresión, la rumiación, la atención y la aceptación. Ambos estudios fueron relativamente pequeños, lo que redujo su poder de detectar resultados potencialmente significativos. A pesar de ello, un examen sistemático realizado por Swain y otros (2013) informó de que el estudio de Kocovski y otros (2009) había hecho buenos intentos por asegurar que su muestra fuera representativa de los clientes que buscaban ayuda para el TAE. Además, Swain et al. destacan que los dos estudios anteriores encontraron grandes tamaños de efecto para la mejora de la ansiedad. Sin embargo, debido a que estos son estudios no controlados no se puede determinar si las mejoras se debieron al grupo de TCA o a otros factores.

Dos pequeños ensayos controlados aleatorios exploraron la efectividad de un grupo de ACT comparado con el CBGT y un grupo de WL para estudiantes experimentando la ansiedad de hablar en público, una forma de ansiedad social (Block, 2002; Block & Wulfert, 2000). Hubo mejoras similares en varias medidas para ambos grupos de tratamiento activo, mientras que los participantes en el grupo de ACT mostraron mayores mejoras en la evitación del comportamiento. Tal vez los beneficios totales obtenidos de los procesos de grupo fueron limitados debido al pequeño número de participantes en cada grupo activo. Además, la frecuencia y la duración de las sesiones fueron relativamente cortas y sería interesante explorar si se obtendrían beneficios adicionales al aumentarlas. Debido a los pequeños tamaños de las muestras y a las muestras de estudiantes utilizadas en estos estudios, es cuestionable la posibilidad de generalizar los resultados a la población más amplia. El tamaño particularmente pequeño de la muestra en el estudio de Block y Wulfert (2000) (N = 11) impidió el uso de análisis estadísticos. En cambio, se confió exclusivamente en los datos de autoinforme, que son más susceptibles de ser deseados por la sociedad. England y otros (2012) compararon un grupo de TCA con un grupo de exposición centrado en la habituación para los participantes (N = 45) que eran en su mayoría estudiantes con ansiedad por hablar en público. Los del grupo de ACT tenían más probabilidades de estar en remisión en las seis semanas de seguimiento. Los participantes de ambos grupos demostraron mejoras significativas y equivalentes en la confianza y las habilidades sociales. El estudio fue limitado debido al pequeño tamaño de la muestra, lo que resultó en un bajo poder para detectar resultados potencialmente significativos. Otras dos limitaciones fueron la falta de evaluación de la lealtad y el cumplimiento del terapeuta. Por lo tanto, no se puede descartar su influencia en los resultados.

Un estudio algo más grande (N = 137) de Kocovski, Fleming, Hawley, Huta y Antony (2013) asignó aleatoriamente a los participantes con TAE a un grupo basado principalmente en la TCA, la TCCG y un grupo de WL. Ambos grupos de tratamiento activo fueron significativamente más eficaces que el grupo de control, pero no significativamente diferentes entre sí en la mayoría de las medidas. La muestra de este estudio fue más representativa de la población en general que los estudios anteriores basados en muestras de estudiantes. Sin embargo, una limitación fue que los terapeutas del estudio habían desarrollado el grupo de TCA, por lo tanto, pueden haber sido inadvertidamente más entusiastas con este enfoque y haber sido más competentes en su aplicación en comparación con la TCC. Otra limitación fue que la mayoría de los datos se basaban en el autoinforme, que es más probable que esté influenciado por las demandas de los experimentadores. Por consiguiente, las conclusiones deben interpretarse con cautela.

Resumen del apoyo empírico a los grupos de TCA para la depresión, TAG, TAE y EP.

En general, parece haber una escasez de estudios que exploren la efectividad de la ACT en un entorno grupal para la depresión, el TAG y el TAE. Los que existen muestran resultados prometedores. Los grupos de ACT para individuos con depresión están asociados con mejoras significativas y parecen ser tan efectivos como otros enfoques empíricos. Los grupos de ACT para individuos con TAG y TAE parecen resultar en que una gran proporción logre la remisión. En el momento de escribir este artículo, no parecía haber ningún estudio que explorara la efectividad de la ACT en un formato de grupo en el área de la EP.

Esta revisión de la investigación sobre el ACT destaca la necesidad de estudios controlados aleatorios más grandes y metodológicamente sólidos que investiguen los grupos de ACT para la depresión, el TAG, el TAS y la EP. Se requieren períodos de seguimiento más largos, así como una evaluación de la lealtad del terapeuta, con muestras más representativas. Además, esta revisión muestra que hubo variabilidad con respecto a las intervenciones de ACT que se investigaron. Por ejemplo, hubo variabilidad en cuanto a la duración de las intervenciones con TCA y el grado en que las intervenciones se basaban estrictamente en el TCA, en particular porque algunas intervenciones incorporaban elementos de otros enfoques terapéuticos. Esto dificulta el desarrollo de una base de pruebas sólida para que el ACT sirva de base para la toma de decisiones clínicas (Swain et al., 2013). Para aumentar aún más la calidad de los ECA que investigan el TCA, se podría argumentar que los estudios deben estandarizar la intervención de ACT empleada y para que haya una alta adherencia del terapeuta a esto. Una salvedad a esto es que los terapeutas que aplican el ACT son animados a trabajar de manera flexible y experimental. La estandarización de la intervención de la ACT compromete esto y, por lo tanto, es probable que reduzca su eficacia.

Otra razón por la que la TCA no se presta bien a los ECA es que, tradicionalmente, las terapias se consideran eficaces en los ECA si conducen a la reducción de los síntomas asociados con el diagnóstico primario definido por el DSM (Forman y Herbert, 2009). Sin embargo, la reducción de los síntomas no es el objetivo principal del TCA. Más bien el objetivo del TCA es ayudar a los individuos a estar más dispuestos a experimentar tales síntomas para permitirles vivir la vida de manera más acorde con sus valores. La reducción de los síntomas puede ocurrir a largo plazo y ser un subproducto beneficioso. Por el contrario, un aumento de los síntomas puede considerarse indicativo de un buen progreso, ya que puede ser el resultado de una mayor disposición a adoptar medidas para hacer frente a situaciones difíciles a fin de vivir una vida más acorde con los valores y más satisfactoria. Como los objetivos principales de la TCA difieren de otros enfoques terapéuticos convencionales, como la TCC, compararlas resulta menos significativo. Los estudios sobre TCA en esta revisión bibliográfica tienen la reducción de los síntomas como una de sus principales medidas de mejora. Gaudiano (2011) argumenta que no incluir medidas de cambio terapéutico específicas de la TCA en los estudios de investigación puede no captar todos los beneficios de la TCA. Además, se ha recomendado que los investigadores utilicen medidas fiables y válidas de los procesos y resultados de la TCA. Estas deberían ser las principales medidas de mejora (Gaudiano, 2011; Pellowe, 2007). Sin embargo, es necesario seguir investigando para comprender los mecanismos más importantes que subyacen al cambio terapéutico en la TCA (Swain et al., 2013).

Eficacia de los grupos de TCA para la depresión y/o la ansiedad.

En el momento de escribir este CLR parecía haber cuatro estudios que examinaban la eficacia de los grupos de TCA para individuos con depresión y/o ansiedad (Boone & Manning, 2012; Cox, 2012; Pinto et al., 2015; Shankar, 2014). Los cuatro estudios también investigaron la satisfacción de los participantes con la intervención. Estos estudios se describen brevemente a continuación.

Pinto y otros (2015) exploraron la eficacia de un grupo de ACT de 10 semanas para una muestra de diagnóstico trans que se llevó a cabo en un hospital psiquiátrico privado de forma ambulatoria. El grupo se ofreció a personas con diversos diagnósticos, sin embargo, los principales diagnósticos que se presentaron fueron la depresión, seguida de la ansiedad. Se encontraron varias mejoras significativas en los procesos de ACT, así como en la depresión y la ansiedad. Sin embargo, no hubo una mejora significativa en la atención y los resultados de importancia clínica fueron menos prometedores. Por ejemplo, menos del 50% de los participantes mostraron una mejora fiable, el 40% no mostró ningún cambio y un pequeño porcentaje se deterioró. Los autores informaron de una alta tasa de desgaste en el seguimiento, lo que les impidió hacer inferencias sobre si las mejoras se habían mantenido. Se reportaron altos niveles de satisfacción y la mayoría dijo que recomendaría la terapia.

Boone y Manning (2012) investigaron la eficacia de un grupo de ACT de 10 semanas para 20 estudiantes que autoinformaron sobre depresión y/o dificultades de ansiedad en una universidad de los Estados Unidos. Se llevaron a cabo dos grupos con 10 estudiantes que asistieron a cada grupo. Dos estudiantes no asistieron al seguimiento y se desconocieron sus razones. Se encontraron resultados clínica y estadísticamente significativos para la depresión, la ansiedad, la calidad de vida y la flexibilidad psicológica, que se mantuvieron en el momento de los tres meses; seguimiento con grandes tamaños de efecto. A La encuesta de satisfacción indicó que los estudiantes estaban en gran medida muy satisfechos con el tratamiento, y todos dijeron que lo recomendarían. En general, este estudio demostró que el ACT era efectivo para esta muestra de estudiantes y que estaban muy satisfechos con la intervención. Sin embargo, no estuvo exento de deficiencias. Por ejemplo, el terapeuta principal tenía una lealtad al ACT que puede haber aumentado los efectos de la demanda del terapeuta.

Shankar (2014) llevó a cabo un proyecto de investigación en pequeña escala similar al estudio anterior. Shankar exploró la efectividad de un grupo de 10 sesiones de ACT para individuos con depresión y/o ansiedad severa y duradera en un entorno de atención secundaria. Shankar no encontró ninguna diferencia estadística en los niveles de síntomas, niveles de angustia o flexibilidad psicológica entre las medidas pre y post. También se evaluó el cambio clínico fiable. Cuando se utilizó un nivel de confianza del 68%, el 27% y el 23% de los participantes mostraron una mejora clínica fiable en los niveles de depresión y ansiedad respectivamente. También se encontró que el 38% de los participantes mostraron una mejora clínica fiable en los niveles de aceptación. Sin embargo, el 23% de los participantes experimentaron un cambio negativo con respecto a sus niveles de aceptación. Cuando el nivel de confianza aumentó al 95%, muy pocos participantes mostraron un cambio clínico positivo y fiable en las diversas medidas. Se realizó un análisis temático de la retroalimentación subjetiva escrita recibida al final de la terapia. El aspecto del contexto de grupo que los participantes encontraron más útil fue aprender de los demás y compartir experiencias. El aspecto menos útil de estar en el grupo fue "las dificultades para compartir/ser en el grupo". Parecía que los participantes diferían en los elementos del grupo de ACT que encontraban más y menos útiles. Sin embargo, una mayor proporción encontró que la atención es el aspecto más útil de la terapia. En general, la intervención del grupo de ACT mostró una débil efectividad para esta muestra. Los datos cualitativos mostraron que los participantes tenían experiencias mixtas. Se sugirió que, debido a que la muestra se consideraba "difícil de tratar", podría justificarse una terapia más larga e intensiva.

Cox (2012) investigó la efectividad de dos grupos de TCA para individuos que en su mayoría experimentaban depresión y/o ansiedad y un pequeño número también experimentaba otras dificultades de salud mental (por ejemplo, el trastorno obsesivo compulsivo (TOC)). De manera similar al proyecto de investigación de Shankar (2014), este estudio también se llevó a cabo en un entorno de atención secundaria. Ocho de los nueve participantes completaron el primer grupo de ACT, que tuvo una duración de 12 sesiones. Dos de cada cinco completaron el segundo grupo de ACT, que tuvo 16 sesiones de duración. En el primer grupo, los participantes mejoraron estadísticamente en las medidas de ansiedad, depresión y estrés.

El 63% de los participantes mostraron una mejora clínica significativa en el estrés. Sin embargo, no hubo mejoras estadísticamente significativas en la flexibilidad psicológica. Como el segundo grupo era demasiado pequeño, no se pudo comprobar la significación estadística. Sin embargo, se encontró que los dos participantes mejoraron clínicamente con respecto a la ansiedad, la depresión, el estrés y la flexibilidad psicológica. Los participantes tenían sentimientos encontrados sobre su experiencia general en el grupo. Los temas que surgieron fueron: el impacto negativo de estar cerca de otros, encontrar el grupo útil e interesante, la importancia de la autorreflexión, y querer pero no poder hacer auto-revelados. Todos menos uno notaron mejoras después de completar el grupo. Los aspectos que los participantes consideraron particularmente útiles fueron la dinámica de grupo, la defusión cognitiva y la atención plena. Seis de los nueve participantes no encontraron nada inútil. Sin embargo, algunos consideraron que escuchar los comentarios de los demás no era útil. Uno de ellos señaló que era difícil revelar las experiencias. Cox llegó a la conclusión de que los grupos de ACT eran clínicamente eficaces y que los síntomas de la mayoría de los participantes mejoraban estadísticamente. Se consideró que la retroalimentación cualitativa de los participantes corroboraba estos hallazgos.

Los cuatro estudios anteriores comparten limitaciones similares. Como se trataba de estudios no controlados y no se impidió a los participantes acceder a otros tratamientos, no se puede determinar si las mejoras se atribuyeron a los componentes del grupo de TCA, a otros tratamientos recibidos, a una combinación de éstos o a factores no específicos. Otra limitación fue que el tamaño de la muestra fue pequeño. No está claro si los resultados pueden generalizarse a la población más amplia que busca tratamiento psicológico.

Los estudios considerados hasta ahora en este CLR son todos estudios cuantitativos, que reflejan que la literatura sobre el ACT está dominada por esos estudios. Esta falta de atención a la investigación cualitativa refleja la existencia de una jerarquía de pruebas válida en la que los estudios cuantitativos se encuentran en la parte superior y son más apreciados, en comparación con los estudios cualitativos menos apreciados (Akobeng, 2005). Sin embargo, los estudios cualitativos pueden proporcionar información importante que es menos susceptible de ser tratada por los estudios cuantitativos. Por ejemplo, los estudios cualitativos pueden explorar la experiencia de los individuos con la terapia, así como el motivo por el cual la terapia es efectiva o ineficaz (Curry, Nembhard y Bradley, 2009). Aunque los estudios de Boone y Manning (2012), Cox (2012), Pinto y otros (2015) y Shankar (2014) incorporaron elementos cualitativos a sus estudios, no fueron exploraciones a fondo de las experiencias de los individuos. A continuación se explica con más detalle la situación de los estudios cualitativos sobre los grupos de TCA.

Estudios cualitativos que exploran los grupos ACT.

Parece que sólo hay un puñado de estudios cualitativos en profundidad que exploran las experiencias de diversas poblaciones con un grupo ACT. Las poblaciones para las que se han realizado estudios cualitativos exhaustivos en esta área son: el dolor crónico (Harrison, 2012; Mathias, ParryJones y Huws, 2014), la psicosis (Bacon, Farhall y Fossey, 2014; Bloy, 2013), el trastorno límite de la personalidad (Cosham, 2013) y los cuidadores familiares de personas con lesión cerebral adquirida (Williams, Vaughan, Huws y Hastings, 2014). A continuación se presentará un breve resumen de estos estudios. Harrison (2012) exploró las experiencias de un grupo de control del dolor de ocho semanas de ACT para aquellos con dolor crónico en un entorno de atención secundaria del NHS. Se entrevistó a doce participantes y se empleó un análisis temático que condujo a la producción de tres temas globales. El primer tema mundial se refería a las expectativas previas de los participantes con respecto al grupo de ACT, incluidas tanto la esperanza como la desesperanza. Dentro de este tema, se demostró que recibir validación era importante para fomentar la esperanza. El segundo tema mundial identificado supuso que los participantes oscilaran entre encontrar útiles ciertas estrategias de ACT y luchar con aspectos específicos de la intervención. Los participantes parecían encontrar útil vivir más en el momento presente, reducir su lucha con su dolor y avanzar hacia sus valores a pesar de su dolor. Parecía que algunos encontraban el concepto de aceptación más fácil de comprender y practicar que otros. Un factor que parecía dificultar la aceptación era asociar la aceptación con el "abandono". El último tema global identificado fue el de los aspectos positivos y negativos del entorno del grupo. Los positivos incluían el apoyo mutuo experimentado y el sentimiento de comprensión por parte de los demás miembros. Por último, los negativos del entorno del grupo fueron la perturbación de algunos miembros y las dificultades para escuchar las luchas de otros. Una limitación de este estudio fue que los participantes fueron reclutados mediante un muestreo intencional en colaboración con uno de los terapeutas que tenía una fuerte lealtad al ACT. Es posible que los clientes que tuvieron una experiencia más positiva con el grupo de ACT tuvieran más probabilidades de ser reclutados y, por lo tanto, proporcionar un relato más positivo de la terapia.

Mathias y otros (2014) exploraron las experiencias individuales de un programador de grupo de control del dolor basado en la aceptación. Se entrevistó a seis participantes y las entrevistas se analizaron utilizando IPA. Surgieron cinco temas, el primero de los cuales fue "No estoy solo, otros entienden mi dolor". Este tema detalló que el hecho de que sus dificultades fueran escuchadas y validadas y el escuchar las experiencias de los demás era muy valioso y ayudaba a los participantes a sentir que no estaban solos. El segundo tema, "La libertad de que el dolor se adueñe de nosotros", indicó que los participantes habían aprendido a aceptar que podían experimentar el dolor al mismo tiempo que vivían sus vidas, lo que era fundamental para superar el impacto debilitante del dolor. El tercer tema era "Un nuevo yo - uno con dolor". En él se detallaba que los participantes se veían a sí mismos como si hubieran cambiado como resultado de asistir a la terapia, por ejemplo, su confianza mejoró. El cuarto tema identificado fue "Partes del programador que los participantes sintieron que facilitaron el cambio".

Estas incluían ganar un mayor control sobre el dolor a través de la respiración relajada y la meditación. El último tema identificado fue "El ejercicio es posible", en el que los participantes discutieron sobre la posibilidad de volver a hacer ejercicio. Una limitación de este estudio fue que el deseo social pudo haber aumentado debido a que el investigador estaba aliado con uno de los terapeutas.

Bacon y otros (2014) exploraron la experiencia de un grupo de ACT para individuos con psicosis. Nueve participantes fueron entrevistados. Se empleó un análisis temático y se identificaron cuatro temas. El primer tema fue "La utilidad de la terapia". Sentirse escuchado fue encontrado como beneficioso por varios participantes. Varios conceptos de ACT también fueron encontrados como beneficiosos. Por ejemplo, la mayoría encontró útil la atención consciente, ya que proporcionaba una distracción y era relajante. Algunos encontraron útiles los valores de identificación ya que les daba dirección. Muchos encontraron que la defusión era útil para manejar la paranoia y reducir la angustia asociada. Dos participantes consideraron que el concepto de aceptación era beneficioso para permitirles dejar ir sus luchas. El segundo tema fue "Cambios atribuidos a la ACTp". Esto implicaba que los participantes no fueran dictados por sus síntomas, que cambiaran su visión de sus voces, que redujeran el impacto de las mismas y que hicieran cambios positivos de comportamiento. El tercer tema "Entendimiento de la terapia". Dentro de este tema se observó que algunos encontraron difícil entender y conectarse a los conceptos y herramientas de la ACT, mientras que otros demostraron una buena comprensión. El último tema fue "Factores no específicos de la terapia" donde los participantes observaron las buenas cualidades del terapeuta, lo que se consideró útil. Los autores sugirieron que los resultados se interpretaran con cautela debido al reconocimiento de que los procesos de ACT que los participantes consideraron útiles pueden haber estado influidos por la cantidad de tiempo dedicado a esos procesos durante la terapia, así como por los propios juicios del terapeuta.

Bloy (2013) entrevistó a nueve participantes y empleó un análisis teórico fundamentado para investigar los mecanismos de cambio en un grupo de TCA para la psicosis. Se identificaron tres procesos principales de cambio: la conciencia, la relación diferente (con uno mismo y con las experiencias internas) y la reconexión con la vida. Estos procesos condujeron a reducciones en la angustia y el cambio de comportamiento. Otro proceso, a saber, apoyarse en los demás, creó un contexto para el cambio. Se trataba de un estudio a pequeña escala que puede haber limitado la calidad metodológica de este estudio.

Cosham (2013) adoptó un diseño fenomenológico para explorar cómo seis participantes con trastorno límite de la personalidad, que habían asistido a un grupo de ACT, experimentaron la aceptación de emociones intensas. Después de la terapia, parecía que los participantes sentían que sus emociones eran menos importantes e influyentes. El miedo alrededor de las emociones parecía reducirse. Los participantes parecían responder a las emociones de manera más flexible. Por ejemplo, pensaron detenidamente si deseaban responder a las emociones y cómo lo harían. Los resultados también revelaron que el desarrollo de una relación diferente con las emociones parecía dar lugar a diversas mejoras para los participantes, como el aumento de la independencia y la confianza, así como mejoras en lo que respecta a funcionamiento social, ocupacional e interpersonal. La fortaleza de este estudio fue que el investigador permaneció ciego al protocolo de tratamiento y a los resultados cuantitativos. Por lo tanto, las entrevistas y su posterior análisis se realizaron sin este conocimiento, que de otra manera podría haber dado lugar a sesgos. Una limitación de este estudio, que se compartió con el estudio de Harrison (2012) detallado anteriormente, fue que las entrevistas se realizaron poco después de la finalización de la terapia. Por lo tanto, no se pueden sacar conclusiones sobre si los cambios se mantuvieron a lo largo del tiempo.

Williams y otros (2014) exploraron las experiencias de un grupo de ACT para cinco cuidadores familiares de personas con lesión cerebral adquirida utilizando IPA. Se identificaron cinco temas clave. El primero de ellos fue "Aumentar la conciencia personal" con respecto a las experiencias emocionales y físicas desagradables, lo cual, para algunos, fue difícil a veces. El segundo tema fue "La dialéctica de la aceptación emocional contra la evasión emocional". Este tema capturó cómo los participantes habían generado una mayor aceptación y lo que la aceptación significaba para ellos. Dos participantes hablaron sobre su tendencia a emplear estrategias de afrontamiento evasivas. El tercer tema fue "Integración de los principios de la ACT". Dentro de este tema algunos encontraron que adoptar los principios de ACT era relativamente fácil, ya que reforzaba sus perspectivas preexistentes sobre cómo sobrellevar la situación. Un participante integró los principios de la ACT en sus creencias religiosas, lo que fue más fácil de hacer para algunos conceptos de la ACT que para otros. Dos participantes comprobaron que la aplicación de los principios de la ACT suscitaba emociones difíciles que los llevaban a volver a las formas anteriores de hacer frente a la situación. El cuarto tema fue el "apoyo entre pares". Esto implicaba que los participantes encontraban útil el contexto del grupo, ya que permitía el apoyo mutuo y podían compartir cosas. El último tema identificado fue "Avanzando después del grupo". Este tema implicaba importantes cambios que los participantes habían aprendido y comenzado a hacer que les ayudarían a "avanzar" en el futuro, como salir más y considerar más sus propias necesidades. La validez de las conclusiones de este estudio se habría fortalecido si los participantes hubieran comprobado los temas identificados. Hasta donde yo sé, no ha habido un estudio cualitativo en profundidad centrado en el TCA en un contexto grupal para individuos con depresión y/o ansiedad.

CAPÍTULO 10
CONCIENCIA

INTRODUCCIÓN

La historia de la psicología académica y la psicoterapia en el siglo XX está fuertemente dominada por conceptos y teoría conductistas. Durante este período, la percepción subjetiva y la experiencia personal fueron generalmente depreciadas como fuentes de comprensión psicológica, consideradas como fuera del ámbito del conocimiento científico verificable, y olvidadas como el principal aspecto de la existencia y la conciencia humana individual a través del cual todos los procesos cognitivos y afectivos se filtran en última instancia (Depraz, Varela, & Vermersch, 2003). Por lo tanto, es más que irónico que la atención plena -un concepto central de la psicología inherentemente introspectiva -es decir, subjetiva y personal- del budismo haya sido introducida en la corriente principal del pensamiento y la práctica psicológicos occidentales por los terapeutas del comportamiento (Segal, Williams y Teasdale, 2002)). De hecho, en los últimos años, una oleada de interés, principalmente de terapeutas cognitivo-conductuales, ha comenzado a traer la "atención" al vocabulario de la corriente principal

En este capítulo, examinaré algunas de las definiciones, suposiciones y principios de trabajo más básicos de la concepción budista de la atención plena, así como la forma en que estos contrastan con nuestros enfoques principales de la ciencia del comportamiento occidental hacia el "yo", la disfunción bio-psicosocial y las intervenciones clínicas. Espero que la discusión preliminar de la atención plena sirva para plantar la investigación científica en un contexto psicológico que, aunque desconocido, es estimulante e informativo. De lo contrario, las tensiones inherentes entre las psicologías budistas y occidentales, potencialmente tan útiles de considerar, podrían pasar desapercibidas y perderse y trivializarse en el análisis empírico y la perspectiva positivista habituales.

Definiciones de la atención plena

La atención se define típicamente en términos de "conciencia y atención a la experiencia inmediata".

La noción de que podemos ser conscientes y atender a nuestros estados y procesos mentales perceptibles en el momento actual puede parecer que encaja bien en las modernas teorías psicológicas de la atención y la función cognitiva o incluso parecer absurdamente evidente y banal. Sin embargo, escondido detrás de la simplicidad de los conceptos y de la terminología común, se encuentra un acercamiento a la mente que se aleja radicalmente de los de la psicología moderna, particularmente del conductismo. La atención consciente, desde la perspectiva budista, abarca y al mismo tiempo se inserta en una gama de dimensiones no sólo cognitivas, sino también emocionales, sociales y éticas, que van mucho más allá de la habitual compartimentación del condicionamiento, la atención y la conciencia de la psicología académica. Son precisamente estas diferencias las que son esenciales para una adecuada comprensión de la atención y el papel que ésta desempeña en una epistemología psicológica. El hecho de adoptar una concepción más circunscrita de la atención plena que encaja fácilmente, como una técnica más, en el armamento de las intervenciones conductuales y psicoterapéuticas no hace justicia a la idea original ni representa las investigaciones científicas y la literatura sobre las intervenciones de atención plena hasta este punto.

Cabe mencionar que casi todos los estudios de intervención mindfulness publicados emplean un formato particular, denominado reducción del estrés basado en la atención plena (MBSR; Kabat-Zinn, 1990), o su primo muy cercano, la terapia cognitiva basada en la atención plena (MBCT; Segal Williams & Teasdale, 2002) . Este enfoque, aunque sólo ocasionalmente se refiere a sus raíces budistas, todavía se adhiere en gran medida a los objetivos, principios y procedimientos básicos de la percepción tradicional (Vipassana) la meditación, de la cual la atención es un componente central. La estrategia que adopto en este documento tiene por objeto ilustrar no sólo la promesa de la atención plena para la intervención clínica, sino también la riqueza de la atención plena tanto para el instructor como para el instruido.

El concepto de consciencia consciente, o mindfulness, que aquí se trata se refiere específicamente a ese enfoque originado en los primeros tratados budistas, pero no es de naturaleza religiosa ni esotérica. "Mindfulness" es, por supuesto, una palabra inglesa común y puede tener una variedad de significados y usos. Sin embargo, ninguna encarna completamente o incluso aproximadamente la noción budista de consciencia, aunque a veces se superponen. Por ejemplo, el diccionario Webster (1998) define la atención como la cualidad de "tener en cuenta", ser "consciente, atento o cuidadoso de algo (ser consciente del peligro)".

Elinternethyperdictionary(http://www.hyperdiction ary.com/dictionary/mindfulness) define la atención como "el rasgo de ser consciente de (prestar mucha atención a) tus responsabilidades", mientras que el Tesauro de Roget proporciona los siguientes sinónimos: cuidado, atención, precaución, cautela, atención, atención o consideración (Roget, 1995).

El uso coloquial de "atención" a menudo connota ser atento o tener cuidado dentro de un contexto claramente evaluativo: Un padre le dice a un niño, "cuida tus modales, o cuida tu lenguaje", implicando que se cuide de comportarse de una manera culturalmente prescrita. "Consciente de las malas condiciones de la carretera, condujo despacio." "¿Qué es el hombre, para que te acuerdes de él? (Salmos. viii. 4)." "Le prometo que será consciente de sus advertencias" o "siempre consciente de las responsabilidades familiares". Todas estas formulaciones reflejan un énfasis en la atención cuidadosa para no cosechar las consecuencias de los comportamientos descuidados.

Una caracterización científica contemporánea y relativamente popular de la atención atenta se refiere a la apertura a la novedad, la atención a la distinción, la sensibilidad a la variación del contexto, la conciencia de las múltiples perspectivas y la orientación en el presente (Langer, 1997; Sternberg, 2000). Esta aplicación fundamentalmente científica del término implica una conciencia cognitiva y una evaluación de la variabilidad situacional en la circunstancia actual, así como un desarrollo práctico y orientado a objetivos de aptitudes concretas, que facilita perspectivas diferenciadas. Cualquiera de las clases de definiciones anteriores se superponen a la conciencia budista sólo en la medida en que se orientan a aspectos de la conciencia y/o el momento presente.

La atención plena, tal como se deriva de los tratados budistas, se caracteriza por una conciencia desapasionada, no evaluativa y sostenida, de momento a momento, de los estados y procesos mentales perceptibles. Esto denota una conciencia continua e inmediata de las sensaciones físicas, percepciones, estados afectivos, pensamientos e imágenes. La conciencia es no deliberativa: Implica prestar atención sostenida al contenido mental en curso en el momento presente sin pensar en los fenómenos mentales en curso que surgen durante los períodos de práctica, compararlos o evaluarlos de otra manera. Debido a este énfasis en la conciencia directa, filtrada mínimamente por la evaluación o el análisis activo, la atención consciente se describe a menudo como "atención desnuda" a los acontecimientos y procesos mentales (Epstein, 1995). Así pues, la atención plena puede considerarse una forma de observación naturalista, o más precisamente de observación participante, en la que los objetos de observación son los fenómenos mentales perceptibles que surgen durante todos los estados de conciencia despierta.

La definición, que acabamos de ofrecer, de la atención plena desde una perspectiva budista puede parecer todavía muy adecuada para la interpretación e integración psicológica y cognitivo-conductual de Occidente. Sin embargo, un examen minucioso puede revelar importantes disparidades con un enfoque puramente cognitivo: El desarrollo de una conciencia "desapasionada, no evaluadora y sostenida" puede parecer simple y técnica, una observación fría y neutral de los propios eventos y procesos cognitivos que están disponibles para la percepción. Sin embargo, como corroborará cualquiera que haya intentado desarrollar esta habilidad, prestar atención de esta manera es difícil y complejo. Por un lado, está la cuestión de mantener una conciencia sostenida, en lugar de ir a la deriva sin darse cuenta hacia pensamientos e imágenes (típicamente alejados del momento presente y hacia el pasado o el futuro). Esta tendencia no es ajena a las otras características definidas de la atención, a saber, las dimensiones "no evaluativa" y "desapasionada". Ambas implican un enfoque en gran medida desconocido para nuestro proceso normal de pensamiento despierto en el que tendemos a ser extremadamente evaluativos y a menudo reactivos emocionalmente, y que típicamente nos alejan de la conciencia sostenida. Es precisamente en esta coyuntura, entre la conciencia sostenida de momento a momento y la suspensión de la evaluación y la reactividad emocional, donde las dimensiones afectivas y éticas entran en la conciencia.

Profundizar en los factores afectivos y éticos de la conciencia consciente está fuera del alcance de este capítulo, pero unos pocos ejemplos pueden ser suficientes para sugerir cómo se facilita y refuerza la atención sostenida mediante el cultivo simultáneo de un comportamiento ético y una mentalidad afectiva particular. La atención a las propias sensaciones, pensamientos y emociones normalmente desencadenará una cascada de pensamientos, emociones y evaluaciones para aquellos que no están acostumbrados a la práctica de la conciencia consciente (¡a menudo también para aquellos con experiencia!). Por lo tanto, es necesario alimentar un cierto estado afectivo de la mente a fin de evitar que esa distracción se produzca constantemente durante la práctica de la atención plena. Dentro de la psicología budista, esto incluye el cultivo de la intención de desarrollar la amabilidad, la paciencia, la tolerancia, la gentileza, la empatía, el no esfuerzo, la aceptación y la apertura (una buena descripción se encuentra en Shapiro & Schwartz, 2000). El enfoque inmediato de esta actitud mental intencional es el proceso de prestar atención por sí mismo, intentando una y otra vez aceptar y ser amable con todos los niveles de las experiencias internas desagradables que pueden surgir de un momento a otro (es decir, sensaciones físicas, pensamientos o emociones incómodas), así como las transiciones (por ejemplo, de una sensación agradable de calma a la agitación, el cansancio o el aburrimiento) que pueden surgir durante la práctica de la atención. A medida que se desarrolla la práctica de la atención plena, se considera que la capacidad de mantener la concentración y la adquisición de un modo de investigación más amable, tolerante y abierto se refuerzan mutuamente, proporcionando una especie de sinergia de proceso.

Análogamente, se considera que el comportamiento ético es esencial para el desarrollo de la atención plena porque libera al individuo de la agitación que produce el comportamiento no ético. El comportamiento no ético en el budismo, por cierto, sólo incluye aquellos actos que hacen daño a sí mismo y a otros (daño físico, calumnias, mentiras, robos, mala conducta sexual, etc.). En la psicología budista (y en la experiencia de la mayoría de las personas), los actos no éticos a menudo crean un sentido de vergüenza, culpa y/o represión emocional que probablemente perturbe el funcionamiento mental. Ese estado de intranquilidad se considera inconducente al desarrollo de un estado de calma y concentración, que es una condición previa necesaria para fomentar la atención plena (por ejemplo, Goldstein, 1993). Al igual que con el cultivo de más gentileza, bondad y generosidad y tolerancia, la psicología budista sostiene que no sólo el comportamiento ético refuerza la atención, sino que se considera que la atención también refuerza el comportamiento ético.

Por consiguiente, esta concepción de la atención es expansiva e inherentemente transformadora por naturaleza y, como se mencionó antes, es la base del MBSR. En la literatura científica no se ha empleado ningún concepto más limitado de mindfulness (con la excepción de la operacionalización sustancialmente diferente de Langer, 1997). Por lo tanto, no hay evidencia hasta la fecha de que una concepción más limitada sirva como una intervención conductual efectiva.

También es importante hacer explícitos ciertos supuestos que subyacen a los conceptos y el enfoque budistas de la atención plena (Buchheld, Grossman y Walach, 2002; Goleman, 1988; KabatZinn, 1993; Nanamoli y Bodhi, 1995; Rosenberg, 1998): 1) Los seres humanos suelen desconocer en gran medida su experiencia del momento, a menudo operando en un modo de "piloto automático". (2) La falta de conciencia del propio contenido y procesos mentales proporciona un terreno fértil para las percepciones erróneas y el autoengaño. (3) Somos capaces de desarrollar la capacidad de mantener una conciencia sin juicios, momento a momento, y con gran discernimiento del contenido mental. (4) El desarrollo de esta capacidad es gradual, progresivo y requiere una práctica regular. (5) La conciencia momento a momento de la experiencia proporcionará un sentido de la vida más rico y vital, en la medida en que la experiencia se vuelve más vívida y la participación consciente activa reemplaza la reactividad inconsciente. (6) Esta observación persistente y no evaluativa del contenido mental dará lugar gradualmente a una mayor veridicidad de las percepciones. 7) Al lograrse una percepción más precisa de las propias respuestas mentales a los estímulos externos e internos, se reúne información adicional que potenciará la acción eficaz en el mundo y dará lugar a una mayor sensación de control.

A la luz de estos y otros supuestos, es importante tener presente que los objetivos básicos de la psicoterapia y la práctica de la atención plena no son idénticos. La psicoterapia casi siempre se dirige a la eliminación de las quejas que se presentan. El objetivo principal de la práctica de la atención plena es el desarrollo del entendimiento y la comprensión de la mente en relación con toda la experiencia lograda mediante el cultivo de una conciencia de momento a momento, sin juicios pero con un alto discernimiento (Kabat-Zinn, 2003).

HACIA LA COMPRENSIÓN DEL DESARROLLO DE LA CONCIENCIA

Discurso sobre la plena conciencia de la respiración

La meditación del entendimiento y la práctica de la atención se basan en un antiguo método de investigación. (Sin embargo, recientemente, este enfoque se ha considerado un método central de adquisición de conocimientos fenomenológicos (Depraz, Varela, & Vermersch, 2003; Varela, Thompson, & Rosch, 1991). En el centro se encuentra un programa sistemático de adquisición que fue escrito hace unos 2300 años. Puede resultar instructivo examinar brevemente los principales segmentos de un texto importante en el que se describe este enfoque y elaborar el fundamento empírico de este método en términos de la ciencia actual. La mayoría de las prácticas de atención comienzan con la observación de la respiración. El tratado, titulado "Discurso sobre la plena conciencia de la respiración", puede ser el manual más antiguo y detallado de un procedimiento de meditación. A continuación se presenta una versión abreviada (adaptada de Nanamoli & Bodhi, 1995):

"Ahora bien, ¿cómo se desarrolla y se persigue la conciencia de la inhalación y exhalación de la respiración para lograr la plena conciencia del cuerpo, los sentimientos, las formaciones mentales y la forma en que las cosas están en y de sí mismas?

"Siempre atento, uno inspira; atento, uno exhala.

"Mientras se inspira mucho tiempo, uno sabe: "Yo inspiro mucho tiempo". Al exhalar mucho tiempo, uno sabe "exhalo mucho tiempo".

"Mientras se respira en corto, uno sabe: "Respiro en corto". Mientras se espira brevemente, uno sabe "espirar brevemente".

"Uno se entrena a sí mismo: Sensible a todo el cuerpo, inspiro y espiro.

"Uno se entrena a sí mismo: Sensible a las sensaciones, percepciones y sentimientos, inspiro y espiro.

"Uno se entrena a sí mismo: Sensible a las formaciones mentales, inspiro, espiro.

"Uno se entrena: Sensible a la impermanencia y al cambio, inspiro, espiro."

Según este discurso, la respiración proporciona el vehículo, así como la puerta central, por la que se desarrolla la atención y se obtiene una visión de la naturaleza de esos procesos y acontecimientos internos y externos que los humanos son capaces de percibir y comprender. Hay varios métodos que se utilizan en las diferentes escuelas budistas de meditación de perspicacia, pero virtualmente todos ellos comienzan, al menos, con la conciencia de esas sensaciones físicas directamente asociadas con la respiración. Las instrucciones iniciales son atender la respiración ya sea en la base de las fosas nasales o en el vientre sin intentar conscientemente alterar el patrón respiratorio de ninguna manera. Así pues, la atención inicial se centra en el mantenimiento de una conciencia sensorial continua de la respiración (por ejemplo, el flujo y la profundidad, la frecuencia y la regularidad) respiración tras respiración, a lo largo del tiempo. A medida que se desarrollan la habilidad y la concentración, se produce una expansión y elaboración gradual que procede de la respiración misma a otras sensaciones físicas más y menos directamente vinculadas al proceso físico de la respiración. Y de ahí a fenómenos mentales cada vez más complejos, incluyendo primero los agregados perceptivos básicos y procediendo luego a la toma de conciencia de las emociones, los pensamientos y otros acontecimientos y procesos mentales (imágenes, recuerdos, etc.). En última instancia, mediante la práctica regular y continua de tal observación e indagación del participante interno, se piensa que uno alcanza gradualmente una nueva comprensión de sí mismo, del mundo y de la naturaleza de la experiencia, una comprensión inextricablemente ligada a un estado constante (pero continuamente cambiante) de conciencia de momento a momento. En la psicología budista, esto se ve no sólo como un proceso correctivo sino como uno transformador, que resulta en una alteración de los conceptos básicos del yo, del otro, de la sociedad y de los fenómenos naturales.

Las etapas de la práctica real de la meditación suelen seguir una progresión natural basada en la duración e intensidad de la experiencia, y corresponden a los fundamentos de la atención plena en la formulación clásica (Mahasatipatana sutra; Thera, 1962): El cuerpo; las percepciones placenteras, desagradables y neutras; los estados afectivos y los pensamientos; y las cualidades de la experiencia que pueden describirse como impermanencia e identificación errónea con la noción habitual del yo (véase la figura 1 y un análisis posterior).

La atención consciente en relación con una teoría biológica evolutiva de la conciencia

El "Discurso sobre la plena conciencia de la respiración" esboza las etapas de esta transición de la conciencia sensorial a procesos mentales cada vez más complejos que emplean la respiración como hilo conductor o ancla de la conciencia (por ejemplo, Rosenberg, 1998). Puede resultar instructivo contrastar esta versión de la conciencia mejorada aprendida con un modelo de desarrollo y evolución de la conciencia basado en la neurofisiología y descrito por dos renombrados neurobiólogos, Gerald Edelman, el premio Nobel de medicina, y su colega, Giulio Tononi (Edelman & Tononi, 2000). En su teoría, las primeras dimensiones de la conciencia, tanto evolutivas como de desarrollo, comprenden distinciones corporales, principalmente mediadas por estructuras en el tronco cerebral que cartografían los estados del cuerpo en referencia a las condiciones externas e internas. Éstas implican componentes propioceptivos, cinestésicos, somatosensoriales y otros componentes sensoriales y autonómicos.

Según los autores, esta primera experiencia consciente concierne a las funciones corporales de las que típicamente somos poco conscientes pero que influyen en todos los aspectos de nuestro ser. Más tarde, entran en juego ciertas dimensiones perceptivas y emocionales que se han vuelto biológicamente adaptables y han servido para promover la supervivencia de las especies: por ejemplo, el aumento de la discriminación perceptiva proporciona una mayor flexibilidad para responder adecuadamente a importantes contingencias ambientales, y la conciencia emocional actúa como un centinela adicional más plástico, complementando (pero no eliminando en modo alguno) los estereotipos prematuros de aproximación y evitación. En la etapa siguiente, se han desarrollado memorias no verbales para facilitar las imágenes y proporcionar una diferenciación de las categorías de experiencia: Esta última etapa se considera característica de los mamíferos superiores o de los niños paralingüísticos. Es sólo con el desarrollo del lenguaje y la capacidad del lenguaje para manipular símbolos complejos que Edelman y Tonino hablan del incipiente desarrollo de la conciencia humana superior: "Con el surgimiento de la conciencia de orden superior, la verdadera subjetividad emerge con sus poderes narrativos y metafóricos y los conceptos de sí mismo, y del pasado y del futuro, con el tejido entrelazado de creencias y deseos que pueden ser expresados. La ficción se hace posible".

Esta teoría neurobiológica es, por supuesto, especulativa, pero refleja el pensamiento científico actual sobre la evolución de la conciencia superior entre los humanos, un tema cada vez más popular entre los neurocientíficos. Lo que puede ser de particular interés aquí es el grado en el que el desarrollo sistemático de la conciencia consciente parece remontarse a la evolución de la conciencia, comenzando como lo hace con las sensaciones corporales, progresando a estados mentales cada vez más complejos y culminando en alguna nueva comprensión integradora del ser y la naturaleza. Según la psicología budista, la falta de una conciencia evaluativa de momento a momento genera "deseos y creencias" centrales en los autoengaños y ficciones que creamos. En efecto, las cualidades humanas de los complejos poderes narrativos, la autoatribución y las formulaciones del pasado y el futuro, sirven para crear ficciones cuando no están controladas por una mente no evaluadora y perspicaz basada en la conciencia consciente. Por otra parte, según la teoría budista, estas mismas capacidades de conciencia superior, cuando se unen a una conciencia desapasionada, con discernimiento y sin evaluación de momento a momento, se transforman en una comprensión más precisa y en una visión del yo y sus relaciones en el mundo.

Tanto la literatura científica sobre la "conciencia" como los tratados psicológicos budistas, por lo tanto, reconocen la capacidad humana de una conciencia superior. Sin embargo, una distinción importante entre estas disciplinas es que la literatura de la conciencia orientada a la neurociencia no hace la distinción entre la capacidad para la experiencia consciente y su utilización en términos del acto de la conciencia consciente. Se supone implícita o explícitamente que los seres humanos son criaturas conscientes y conscientes en todo momento, y hay poco o ningún debate serio sobre las variaciones en el rango normal de la conciencia consciente ni sobre la consideración de la posibilidad de aumentar la conciencia consciente. El enfoque budista de la conciencia consciente, y que la mayoría de nosotros podemos verificar fácilmente por nuestra propia experiencia personal, es que los humanos tienen la capacidad de mantener una conciencia consciente de los estados mentales y de la experiencia exterior en el momento presente, pero esta capacidad está poco desarrollada y se utiliza con poca frecuencia, es decir, que a menudo operamos con "piloto automático", puede ser casi inconsciente de la experiencia inmediata y puede ser absorbida por pensamientos o rumores relacionados principalmente con el pasado o el futuro, pero sin reflejarlos. Esta misma falta de conciencia, en el budismo, es vista como la fuente del "tejido entrelazado de deseos, creencias y ficciones" que Edelman y Tononi asocian con la conciencia superior. Según el pensamiento budista, sólo el cultivo de una mayor conciencia resultará en percepciones más verídicas del ser y del mundo. Por consiguiente, sólo se puede lograr esto ejerciendo la conciencia desde los primeros niveles de desarrollo/evolución en adelante, y el desarrollo sistemático de los cuatro fundamentos de la atención es el método empleado. Empezar con la respiración como objeto de conciencia consciente puede ser un enfoque particularmente hábil.

La atención consciente: Empezando con la respiración

La respiración, como ya se ha mencionado, cumple una función especial en la meditación de perspicacia, así como en muchas otras disciplinas orientales que se dedican a promover alteraciones de la conciencia. Desde una perspectiva psicofisiológica, hay muchas razones por las que los procesos respiratorios constituyen un punto de partida ideal para la práctica del desarrollo de la conciencia consciente. En primer lugar, y posiblemente la más obvia, la respiración es la única función fisiológica continua y vital que es accesible a la sensación y la percepción en todas las situaciones y en todo momento, hasta que finalmente se extingue con la muerte. El acto de respirar está disponible para cada uno de nuestros sentidos: tacto, gusto, olfato, auditivo, visual, propioceptivo, cinético e interceptivo. Además, debido a que la respiración es tan claramente esencial para la vida en sí misma y, sin embargo, tan típicamente no es examinada por el respirador, es un objeto de atención intrínsecamente convincente - siempre está ahí, siempre sosteniendo la vida, rara vez se mira, pero con un potencial para inundar la conciencia con oleadas de información sensorial.

Los pulmones son el mayor conjunto de órganos de nuestro cuerpo y actúan como bombas continuas durante las fases respiratorias de inhalación y exhalación. Esto significa que el sistema respiratorio también es el oscilador fisiológico más poderoso de nuestro pecho. Fiel a las propiedades físicas de los osciladores fuertes, el ritmo de los pulmones arrastra a otros sistemas fisiológicos más débiles que oscilan rítmicamente, como el latido del corazón, la presión sanguínea y la actividad del sistema nervioso central (Grossman, 1983). Atender a la respiración, por lo tanto, implica observar una poderosa fuerza física resonante en el cuerpo que influye directa o indirectamente en prácticamente otros procesos vitales.

No sólo el flujo sensorial y la fuerza oscilante de la respiración la convierten en un valioso objeto inicial de atención, sino que el patrón de respiración y la velocidad a la que respiramos se ajustan bien a esas capacidades perceptivas de la atención humana: El patrón respiratorio no es constante de respiración a respiración, sino que cambia sutil o marcadamente, dependiendo de las condiciones internas y externas, satisfaciendo así una tendencia humana natural a orientarse hacia nuevos estímulos. Además, los seres humanos son capaces de procesar los estímulos sensoriales a una velocidad de al menos 20-30 Hz (es decir, 20-30 estímulos por segundo). Con respecto al ciclo respiratorio, toda la información significativa se capta dentro del rango de esta capacidad perceptiva. De hecho, los estudios fisiológicos de la respiración raramente toman muestras digitales, o registran, la forma de onda respiratoria a frecuencias superiores a 30 Hz, porque esta frecuencia ya proporciona suficientes puntos de datos para rastrear todas las dimensiones significativas del patrón respiratorio para la investigación científica. Contrasta esto con el electrocardiograma, que registra la actividad eléctrica de la bomba del corazón. El ciclo cardíaco generalmente se produce a una frecuencia por lo menos cuatro veces más rápida que el patrón de respiración (por ejemplo, unos 70 latidos por minuto frente a aproximadamente 15 respiraciones por minuto). Además, el electrocardiograma es un complejo de varias formas de onda diferentes que se producen durante cada latido cardíaco, en contraste con la forma de onda única y esencialmente sinusoidal que caracteriza cada respiración. Para representar con precisión todos los eventos cardíacos, es necesario tener información cada milisegundo (1000 Hz vs. 30 Hz). Incluso si pudiéramos percibir directamente nuestros eventos cardíacos, lo que típicamente no podemos, aún así nos perderíamos mucha información relevante.

La conciencia consciente de la respiración tiene todavía varias otras dimensiones que son relevantes aquí pero que pueden no ser obvias. El sistema respiratorio es único porque puede funcionar casi completamente bajo control consciente o completamente bajo control inconsciente (por ejemplo, Phillipson, McClean, Sullivan, & Zamel, 1978). Un paciente comatoso que sólo tiene intacta la parte más primordial del cerebro, es decir, el tronco encefálico, a menudo será capaz de respirar sin asistencia mecánica y, por lo tanto, logrará el principal objetivo de la respiración, es decir, el intercambio de gases vitales (O_2 y CO_2) entre los pulmones y la atmósfera. Por otro lado, los humanos despiertos son capaces de ejercer un enorme control consciente y voluntario sobre la respiración. De hecho, se han identificado áreas respiratorias cerebrales y mesencéfalas específicas que entran en juego durante la alteración consciente del patrón respiratorio. De hecho, como niños debemos aprender a adaptar nuestro patrón respiratorio a diversas actividades de comportamiento durante la vida diaria (por ejemplo, hablar, comer y cantar), y los estudios experimentales de aprendizaje indican la facilidad de los parámetros de condicionamiento de la respiración (por ejemplo, Van den Bergh, Stegen, & Van de Woestijne, 1997). Así, la respiración se encuentra precisamente en la coyuntura de la experiencia consciente e inconsciente, el comportamiento voluntario e involuntario. El desarrollo de la conciencia de la respiración debería exponer a la conciencia este punto de encuentro entre los procesos fisiológicos controlables e incontrolables, conscientes e inconscientes, así como darnos una visión de los patrones habituales de respiración aprendidos en el curso de nuestras vidas, que son, quizás, uno de los ejemplos más elementales de funcionamiento en "piloto automático". La conciencia consciente de la respiración también puede proporcionarnos información sobre cualquier tendencia que podamos tener para ejercer un control consciente sobre un proceso fisiológico que, en muchas circunstancias, normalmente puede hacerse cargo de él.

El "Discurso sobre la plena conciencia de la respiración" además alista la respiración para ganar conciencia de los procesos más allá de las sensaciones físicas de la respiración. Aquí también la respiración se adapta bien a este propósito, ya que el patrón de respiración es exquisitamente sensible a los estados emocionales y a las actividades de comportamiento (Boiten, 1998; Grossman & Wientjes, 2001). Emociones como el miedo, la ira, la ansiedad y la felicidad están relacionadas con patrones respiratorios específicos, al igual que las variaciones en los procesos mentales, como la resolución de problemas o el cálculo mental. El patrón de respiración es incluso sensible a las diferentes etapas del sueño (Guillemin Ault, et al., 2001). Al mantener la conciencia de la respiración en cada momento a lo largo del tiempo y a través de estados emocionales fluctuantes, se empieza a discernir las relaciones entre la fisiología y los procesos mentales, y se puede emplear la respiración como vehículo para examinar las emociones y otros estados mentales.

En un sentido muy concreto, llevar la respiración a la conciencia de momento a momento nos permite, como en ningún otro proceso, obtener una visión práctica y personal de cómo interactúan la mente y el cuerpo en diversas condiciones de reposo y actividad. La respiración es el único sistema fisiológico con salida continua perceptible que puede relacionarse con los estados mentales y llevarse a la experiencia consciente e inmediata. En la actual era "científica", a menudo nos basamos en datos nomotéticos y normativos para entender incluso nuestro propio funcionamiento interno. Precisamente por su calidad normativa, esa información suele ser defectuosa en lo que respecta a las relaciones internas y a los sesgos en la forma de interpretar las propias pautas de funcionamiento individual en la dirección de la respuesta estadísticamente "media". Es probable que nuestras propias respuestas características y relaciones psicofisiológicas varíen con respecto a esas tendencias medias. Como tal, la conciencia consciente de la respiración ofrece un método introspectivo de relaciones psicofisiológicas personales que suplanta el enfoque nomotético y normativo que solemos adoptar para comprender nuestras propias relaciones mente-cuerpo.

Por último, en lo que respecta al empleo de la respiración en la conciencia consciente, el propio acto de atender a la respiración ralentiza y profundiza la respiración, incluso en ausencia de un esfuerzo consciente por manipular el patrón (Western & Patrick, 1988). Se ha comprobado que esta ventilación más lenta y profunda provoca una mayor sensación de calma que, a su vez, es probable que promueva una conciencia más concentrada y sin evaluación del momento presente (véase Grossman, 1983).

Todos estos aspectos de la respiración -su accesibilidad, su singularidad fisiológica en términos de mecanismo de control y su íntima relación con los procesos mentales superiores- proporcionan un objeto único de conciencia que se adapta de manera óptima para desarrollar la comprensión y el entendimiento de cómo la mente y el cuerpo están intrincadamente unidos. Aunque muchos métodos de meditación de perspicacia sólo se centran en la respiración durante una fase preliminar para desarrollar la concentración y la capacidad de mantener la atención en un solo objeto de conciencia, la atención a la respiración es un método de práctica completo dentro de ella (Rosenberg, 1998). Además, la conciencia de la respiración juega una función importante y continua en el programa MBSR que posteriormente será evaluado (Kabat-Zinn, 1990).

EL ENFOQUE BUDISTA DE LA ATENCIÓN PLENA FRENTE A LAS CIENCIAS DEL COMPORTAMIENTO OCCIDENTAL: ALGUNAS DISTINCIONES DESTACADAS

Roger Walsh publicó un artículo en el American Journal of Psychiatry hace más de dos décadas (Walsh, 1980), en el que caracterizó las diferencias esenciales entre el paradigma predominante de la ciencia del comportamiento y lo que denominó el paradigma de la "disciplina de la conciencia", un enfoque que aborda las alteraciones sistemáticas en los estados de conciencia. En este artículo clásico, Walsh hizo varias distinciones que siguen siendo muy relevantes 25 años después y que pueden ser de particular valor para los terapeutas e investigadores que contemplen la aplicación de algún aspecto de la atención plena como una intervención clínica. La práctica de mindfulness encaja bien en la conceptualización de Walsh de las "disciplinas de la conciencia", y merece un análisis más adelante, en el que integro sus ideas con varias de las mías (se pueden encontrar muchas referencias de apoyo en el artículo de Walsh). La noción de una "disciplina de la conciencia" se aclarará más adelante con las explicaciones y ejemplos.

Experiencia práctica vs. Conocimiento intelectual

Que la práctica de la consciencia es radicalmente diferente de los enfoques psicológicos y conductuales occidentales puede ya inferirse de la discusión anterior. No obstante, es útil hacer esas distinciones lo más explícitas posible, en particular para los clínicos y académicos interesados en la aplicación de la práctica de la atención plena en las poblaciones de clientes y pacientes.

Tal vez las diferencias más críticas entre los enfoques desde el punto de vista profesional y clínico tengan que ver con el papel de la experiencia práctica frente al conocimiento intelectual. El enfoque budista de la atención plena se basa en una práctica personal intensiva y continua de la meditación de atención plena. Se cree que el conocimiento único se deriva de esa exploración e investigación individual. Este tipo de conocimiento se considera inherentemente diferente y no intercambiable con el aprendizaje intelectual o teórico de una técnica.

Sin embargo, el intelectual no se deprecia.

La implicación más directa de esta premisa para los terapeutas interesados en la atención plena como intervención clínica es que la autoexperiencia sustancial y prolongada con la atención plena se considera un requisito previo para ayudar a otros a desarrollar la conciencia plena (Kabat-Zinn, 2003; Segal, Williams y Teasdale, 2002). De ahí que se considere que la adquisición de la atención plena tiene importantes propiedades transformadoras que trascienden y no pueden ser comprendidas completamente por el análisis intelectual (Teasdale, et al., 2001). Se cree que el propio concepto de "yo", por ejemplo, se altera profundamente como consecuencia de la práctica de la atención plena. Este cambio no puede ser comprendido fuera de la propia experiencia, lo que hace imposible enseñar mindfulness sin practicarlo uno mismo. Por lo tanto, el "insight" de la meditación de perspicacia se deriva de la conciencia del participante-observador de los propios estados y eventos mentales. No puede adquirirse por ningún otro medio, como el mero estudio y análisis de las técnicas implicadas o los supuestos efectos que puede producir la conciencia consciente. El apoyo del proceso entre, por ejemplo, los participantes en un programa MBSR requiere un compromiso simétrico en la práctica de la atención consciente de los participantes y del líder del curso.

Ese énfasis en la experiencia introspectiva prolongada varía considerablemente con la mayoría de los enfoques psicoterapéuticos occidentales que dan un valor limitado o a veces nulo a la autoexperiencia de los terapeutas con respecto a los métodos e intervenciones psicoterapéuticos que emplean (una excepción notable es el psicoanálisis). La formación en terapia normalmente implica un análisis intenso de las habilidades y técnicas psicoterapéuticas en relación con los beneficios psicológicos y conductuales, en lugar de compartir experiencias personales relacionadas con la aplicación prolongada de los métodos a los propios terapeutas. La mayoría de las intervenciones psicoterapéuticas, además, están dirigidas a modificar conductas o cogniciones específicas de una manera y dirección previamente operativizadas, no a la transformación de actitudes, mentalidades y experiencias en estructuras radicalmente nuevas que pueden adoptar múltiples formas abiertas.

La naturaleza de los fenómenos investigados

En los enfoques conductuales occidentales, el enfoque fundamental suele centrarse en entidades cuantificables, verificables y estadísticamente válidas relacionadas con el funcionamiento conductual y psicológico, es decir, respuestas conductuales mensurables, escalas de autoinforme o evaluaciones de entrevistas clínicas estructuradas. Esos datos se utilizan para caracterizar y clasificar los estados y rasgos psicológicos normales y disfuncionales, a menudo con el objetivo de tratar los trastornos del comportamiento o modificar el comportamiento de otros. Los defensores de la atención budista y otras disciplinas de la conciencia, por otra parte, afirman que los estados normales de funcionamiento, en sí mismos, son subóptimos; generalmente no distinguen lo normal de lo psicopatológico. En la psicología budista, el estado normal de conciencia cotidiana es un estado ilusorio en el que el individuo opera en un estado por debajo de la plena conciencia. Por consiguiente, la psicología budista sostiene que es posible alcanzar estados de conciencia y de percepción de la naturaleza de la mente y de la realidad que están mucho más allá de los considerados por la mayoría de las psicologías occidentales. Además, la atención es un enfoque hacia la comprensión de la experiencia consciente que no tiene ninguna clasificación preconcebida. No está interesado principalmente en la cuantificación, categorización, comprensión o modificación del funcionamiento psicológico de los demás, sino más bien en el desarrollo, dentro de uno mismo, de esos estados de conciencia asociados con una mayor conciencia y comprensión del funcionamiento de la mente y de todos los procesos naturales susceptibles de la percepción y la comprensión humanas. Por consiguiente, la moneda básica de la atención es la conciencia y sus muchas variaciones, o estados. Los sistemas de clasificación que surgen en la psicología budista son los que intentan aclarar tales estados y procesos mentales, y son muy elaborados, de hecho, cuando se comparan con los conceptos mentalistas relativamente recientes de la psicología cognitivo-conductual (Goleman, 1988).

Por el contrario, los estados de conciencia tienden a no ser considerados seriamente en las tradiciones conductuales occidentales, con pocas excepciones (por ejemplo, James, 1958). De hecho, el concepto mismo de "estado de conciencia" parece casi ausente en las psicologías occidentales formales. Los psicólogos hablan de "estados" y "rasgos", pero éstos suelen estar delimitados a dimensiones afectivas específicas (es decir, ansiedad de estado contra rasgo, ira, etc.), en lugar de capturar una amplia gama de aspectos emocionales, cognitivos, sociales y fisiológicos que ocurren simultáneamente y que actúan juntos para producir y representar un estado de conciencia particular. Esto puede ser la consecuencia de una orientación científica hacia categorías psicológicas discretas y circunscritas, una especie de reduccionismo conductual.

Aunque a veces se reconocen los estados de sueño, los estados de droga y los estados patológicos de la conciencia, la única otra opción implícita parece ser el "estado de vigilia normal". De hecho, hay numerosos estados de conciencia durante el sueño que se ponen en funcionamiento mediante EEG y otras medidas fisiológicas y de comportamiento durante los estudios de polisomnografía, pero la clasificación cesa cuando la persona que se mide se despierta (hay una sola categoría, sin embargo, de estar "despierto"). Aquí es donde comienza la psicología budista. Los psicólogos occidentales pueden examinar ocasionalmente las variaciones en el funcionamiento psicológico y fisiológico bajo diferentes condiciones fisiológicas (incluso las muy sutiles, como el cambio de postura de estar acostado a estar sentado; Sloan, et al., 1995) pero no conceptualizan tales diferencias en términos de variaciones detectables en el "estado de conciencia", aunque las actividades fisiológicas, psicológicas, conductuales y sociales varian notablemente, incluso de una postura a otra. Es precisamente este tipo de cambios más y menos sutiles que son la materia misma de la atención, el flujo continuo y a menudo no discreto de la conciencia humana en sus muchas formas variadas y perceptibles. A menudo la psicología occidental trata el concepto de "estados de conciencia" y enfoques como la atención plena en gran medida con escepticismo y desdén: si no hay una noción clara del estado de conciencia arraigada en las tradiciones de las ciencias del comportamiento y ninguna tradición de entrenamiento de la conciencia, entonces el ideal de estados de conciencia más elevados y su desarrollo - tan esencial para la psicología budista - parecería ridículo y sin fundamento. Para las disciplinas de la conciencia, por otro lado, la experiencia personal de los diversos estados de conciencia hace que su validez sea evidente.

La personalidad, el ego y el sí mismo

Los conceptos de un ego, personalidad o sí mismo estable son omnipresentes en la teoría y aplicaciones psicológicas occidentales. La noción de un conjunto relativamente duradero y coherente de rasgos psicológicos característicos del individuo es, de hecho, uno de los fundamentos mismos de la psicología occidental, aunque el concepto de estabilidad de la personalidad ha sido desafiado y modificado en la literatura psicológica a lo largo de los años (Mischel, 2004; Roberts & DelVecchio, 2000). Puede que sea precisamente este papel central de las disposiciones individuales estables en las ciencias del comportamiento lo que hace que el "estado de conciencia" sea una idea insostenible o, al menos, incómoda: si los estados de conciencia son transformadores, las disposiciones del comportamiento son entonces inestables y están sujetas a cambios a medida que se altera la conciencia. Esto obviamente desafía la idea de que la personalidad es fija. De hecho, investigaciones recientes han indicado que incluso las correlaciones a corto plazo de los tests de personalidad -una medida muy importante de estabilidad- rara vez indican niveles muy altos de estabilidad, con la mayoría de los coeficientes típicamente alrededor de 0,55 o menos (que representan el 30% de la variación de los rasgos de la personalidad o menos tan estables incluso durante un año o dos (Roberts & DelVecchio, 2000)). Los coeficientes de estabilidad a lo largo de muchos años son incluso mucho más bajos. Por lo tanto, sólo hay pruebas directas limitadas de la constancia de la estructura de la personalidad. Además, una serie de factores a menudo cambiantes parecen influir en la constancia de las medidas de la personalidad o del autoconcepto. Además de las influencias genéticas (que, por cierto, también pueden variar a lo largo del tiempo), incluyen factores ambientales, transacciones personaambiente e interacciones genético-personaambiente.

La psicología budista, por otra parte, considera la idea de un yo bien delineado, en gran parte invariable, o el sentido individual de identidad, como un ilusión condicionada por una mente no entrenada para sostener una conciencia consciente sin juicios de valor en el momento de la toma de decisiones. En la psicología budista, el concepto convencional del yo se considera poco más que un conjunto de elementos transitorios de la mente y el cuerpo que incluyen el propio cuerpo, las sensaciones, las percepciones, los pensamientos y cualquier otro estado mental que afecte a la conciencia (Goldstein, 1993; Rosenberg, 1998). Según las ideas budistas, nos aferramos a un sentido ilusorio de identidad consistente alimentado por deseos y aversiones, y resultante de nuestra incapacidad de mantener una conciencia consciente. Prestar atención a la experiencia en el momento presente deja claro lo impermanente y cambiante que son todas esas cualidades que consideramos nuestro "yo": Nuestros cuerpos cambian de apariencia y de composición física con el tiempo, y nuestras sensaciones, percepciones y pensamientos están en constante flujo. Por lo tanto, dentro de esta concepción, un firme sentido de sí mismo, de hecho, parece difícil de justificar. Según el pensamiento budista, sólo a través de la práctica sistemática y continua de la conciencia consciente se hace evidente que la experiencia real está repleta de todo tipo de estados mentales y sensaciones físicas cambiantes, y que nuestro concepto habitual de yo es inexactamente restrictivo tanto para definir las cualidades intrínsecas como para fijarlas a través del tiempo y el espacio.

En resumen, la psicología budista se centra en los procesos y la transformación de la conciencia consciente y considera la constancia de la personalidad, o el yo, en su mayor parte como una ficción vacía. Las psicologías occidentales, en cambio, hacen hincapié en la importancia de los rasgos psicológicos duraderos tanto en los aspectos prácticos como en los teóricos (por ejemplo, la psicoterapia y la teoría de la personalidad) y tienden a ignorar los "estados de conciencia" como principios explicativos que podrían, al menos parcialmente, explicar los caprichos de los rasgos mentales. Evidentemente, estos puntos de vista contradictorios deben tenerse en cuenta cuando la atención plena se aplica como una intervención clínica de terapeutas educados principalmente en el paradigma de las ciencias del comportamiento.

La mayor parte de la teoría psicológica occidental y su aplicación terapéutica está dirigida, por consiguiente, al fortalecimiento del ego, el aumento de la autoestima, o a "satisfacer las necesidades de uno". Los objetivos son a menudo específicos (tratamiento exitoso de la depresión, la ansiedad, el síndrome límite, el trauma, etc.) e inherentemente individuales por naturaleza: mi problema, mi disfunción, mi infelicidad. En la psicología budista, la dimensión individual desaparece, y los objetivos de la práctica de la meditación son más universales, y no de naturaleza principalmente psicoterapéutica. Estas cualidades se suelen enmarcar en términos de despertar, percepción más precisa, conciencia más plena de toda experiencia y liberación de los lazos de los deseos y aversiones. La psicología budista no hace distinciones entre los depresivos, los neuróticos de la ansiedad y los individuos "normales", pero sugiere que el proceso de desarrollo de la conciencia está disponible universalmente y generalmente sigue un camino común, aunque temporalmente variable. En efecto, la percepción en sí misma es el objetivo, más que la solución de un problema o el logro de la felicidad personal, como se entiende típicamente la frase.

Sin embargo, es necesario hacer un par de notas de advertencia: Debido a la brevedad de la discusión, puede que haya pintado un cuadro demasiado simplista de las diferencias entre el paradigma de la ciencia del comportamiento y el budista. Seguramente hay claras similitudes así como diferencias. Sin embargo, cierta apreciación de las diferencias entre los enfoques puede ayudar a los psicólogos y terapeutas cuando piensen en la atención plena como una intervención clínica. En la Tabla 1 se presenta una visión general de varias de estas diferencias. También la psicología budista no es ciertamente monolítica, y puede que haya interpretado ciertos conceptos budistas de manera que estén abiertos al debate.

CAPÍTULO 11
PASOS DE ATENCIÓN

Nuestro verdadero hogar no está en el pasado. Nuestro verdadero hogar no está en el futuro. Nuestro verdadero hogar está en el aquí y el ahora. La vida sólo está disponible en el aquí y el ahora, y es nuestro verdadero hogar.

La atención es la energía que nos ayuda a reconocer las condiciones de felicidad que ya están presentes en nuestras vidas. No tienes que esperar diez años para experimentar esta felicidad. Está presente en cada momento de tu vida diaria. Hay quienes estamos vivos pero no lo sabemos. Pero cuando respiras, y eres consciente de tu respiración, tocas el milagro de estar vivo. Por eso la conciencia es una fuente de felicidad y alegría.

La mayoría de la gente es olvidadiza; no están realmente allí la mayor parte del tiempo. Su mente está atrapada en sus preocupaciones, sus miedos, su ira y sus arrepentimientos, y no son conscientes de estar ahí. Ese estado de ser se llama olvido, estás ahí pero no estás ahí. Estás atrapado en el pasado o en el futuro. No estás ahí en el momento presente, viviendo tu vida profundamente. Eso es olvido.

Lo opuesto al olvido es la atención. La atención es cuando estás realmente allí, mente y cuerpo juntos. Inspiras y espiras conscientemente, traes tu mente de vuelta a tu cuerpo, y estás ahí. Cuando tu mente está allí con tu cuerpo, estás establecido en el momento presente. Entonces puedes reconocer las muchas condiciones de felicidad que están en ti y a tu alrededor, y la felicidad viene de forma natural.

La práctica de la mente debe ser agradable, no el trabajo o el esfuerzo. ¿Tienes que hacer un esfuerzo para respirar? No necesitas hacer un esfuerzo. Para inspirar, sólo tienes que inspirar. Supongamos que estás con un grupo de personas contemplando una hermosa puesta de sol. ¿Tienes que hacer un esfuerzo para disfrutar de la hermosa puesta de sol? No, no tienes que hacer ningún esfuerzo. Sólo tienes que disfrutarlo.

Lo mismo ocurre con tu respiración. Deja que tu respiración se lleve a cabo. Toma conciencia de ello y disfrútalo. Sin esfuerzo. Disfrutar. Lo mismo ocurre con el caminar con cuidado. Cada paso que das es agradable. Cada paso te ayuda a tocar las maravillas de la vida, en ti mismo y a tu alrededor. Cada paso es paz. Cada paso es alegría. Eso es posible.

Durante el tiempo que practicas la atención, dejas de hablar... no sólo la charla de afuera, sino la charla de adentro. La charla interior es el pensamiento, el discurso mental que sigue y sigue y sigue en el interior. El verdadero silencio es el cese de la conversación, tanto de la boca como de la mente. Este no es el tipo de silencio que nos oprime. Es un tipo de silencio muy elegante, un tipo de silencio muy poderoso. Es el silencio que nos sana y nos alimenta.

La conciencia da nacimiento a la alegría y la felicidad. Otra fuente de felicidad es la concentración. La energía de la atención lleva dentro la energía de la concentración. Cuando eres consciente de algo, como una flor, y puedes mantener esa conciencia, decimos que estás concentrado en la flor. Cuando tu atención se vuelve poderosa, tu concentración se vuelve poderosa, y cuando estás totalmente concentrado, tienes la oportunidad de hacer un gran avance, de alcanzar la perspicacia. Si meditas en una nube, puedes obtener una visión de la naturaleza de la nube. O puedes meditar en un guijarro, y si tienes suficiente atención y concentración, puedes ver la naturaleza del guijarro. Puedes meditar en una persona, y si tienes suficiente atención y concentración, puedes hacer un avance y entender la naturaleza de esa persona. Puedes meditar en ti mismo, o en tu ira, o en tu miedo, o en tu alegría, o en tu paz.

Cualquier cosa puede ser objeto de tu meditación, y con la poderosa energía de la concentración, puedes hacer un gran avance y desarrollar la perspicacia. Es como una lupa que concentra la luz del sol. Si pones el punto de luz concentrada en un papel, se quemará. Del mismo modo, cuando tu atención y concentración son poderosas, tu perspicacia te liberará del miedo, la ira y la desesperación, y te traerá la verdadera alegría, la verdadera paz y la verdadera felicidad.

Cuando contemplas el gran y completo amanecer, cuanto más atento y concentrado estás, más se te revela la belleza del amanecer. Suponga que le ofrecen una taza de té, muy fragante, muy bueno. Si tu mente está distraída, no puedes disfrutar realmente del té. Tienes que estar atento al té, tienes que concentrarte en él, para que el té te revele su fragancia y te maraville. Por eso la atención y la concentración son fuentes de felicidad. Por eso un buen practicante sabe cómo crear un momento de alegría, un sentimiento de felicidad, a cualquier hora del día.

Primer ejercicio de Mindfulness: Respiración consciente

El primer ejercicio es muy simple, pero la potencia, el resultado, puede ser muy grande. El ejercicio consiste simplemente en identificar la entrada de aire como entrada y la salida de aire como salida. Cuando inspiras, sabes que ésta es tu inspiración. Cuando exhalas, eres consciente de que ésta es tu exhalación.

Sólo reconoce: esta es una inspiración, esta es una exhalación. Muy simple, muy fácil. Para reconocer tu inspiración como inspiración, tienes que llevar tu mente a casa. Lo que es reconocer tu inspiración es tu mente, y el objeto de tu mente -el objeto de tu atención- es la inspiración. La atención es siempre consciente de algo. Cuando bebes el té con atención, se llama atención a la bebida. Cuando caminas con atención, se llama atención al caminar. Y cuando respiras con atención, se llama atención a la respiración.

Así que el objeto de tu consciencia es tu respiración, y sólo enfocas tu atención en ella. Inspirar, esta es mi inspiración. Espirando, esta es mi expiración. Cuando hagas eso, el discurso mental se detendrá. Ya no piensas más. No tienes que hacer un esfuerzo para detener tu pensamiento; llevas tu atención a tu respiración interna y el discurso mental simplemente se detiene. Ese es el milagro de la práctica. Ya no piensas en el pasado. No piensas en el futuro. No piensas en tus proyectos, porque estás enfocando tu atención, tu consciencia, en tu respiración.

Se pone aún mejor. Puedes disfrutar de tu respiración. La práctica puede ser agradable, alegre. Alguien que está muerto no puede tomar más respiraciones. Pero tú estás vivo. Estás respirando, y mientras respiras, sabes que estás vivo. La inhalación puede ser una celebración del hecho de que estás vivo, así que puede ser muy alegre. Cuando estás alegre y feliz, no sientes que tienes que hacer ningún esfuerzo. Estoy vivo; estoy respirando. Estar todavía vivo es un milagro. El mayor de todos los milagros es estar vivo, y cuando respiras, tocas ese milagro. Por lo tanto, tu respiración puede ser una celebración de la vida.

Una inspiración puede tomar tres, cuatro, cinco segundos, depende. Es tiempo de estar vivo, tiempo de disfrutar de tu respiración. No tienes que interferir con tu respiración. Si tu respiración es corta, deja que sea corta. Si tu respiración externa es larga, deja que sea larga. No intentes forzarla. La práctica es un simple reconocimiento de la inspiración y la expiración. Eso es suficiente. Tendrá un efecto poderoso.

Segundo Ejercicio de Mindfulness: Concentración

El segundo ejercicio es que mientras inspiras, sigues tu respiración desde el principio hasta el final. Si tu respiración dura tres o cuatro segundos, entonces tu atención también dura tres o cuatro segundos. Al inspirar, sigo mi respiración hasta el final. Al exhalar, sigo mi respiración hasta el final. Desde el principio de mi espiración hasta el final de la misma, mi mente está siempre con ella. Por lo tanto, la atención se vuelve ininterrumpida, y la calidad de tu concentración mejora.

Así que el segundo ejercicio es seguir tu respiración y tu exhalación hasta el final. Ya sea que sean cortas o largas, no importa. Lo que importa es que sigas tu respiración desde el principio hasta el final. Tu conciencia es sostenida. No hay interrupción. Supongamos que estás respirando y piensas: "Oh, olvidé apagar la luz de mi habitación". Hay una interrupción. Sólo mantén tu respiración interna todo el tiempo. Luego cultiva tu atención y tu concentración. Te conviertes en tu respiración interna. Te conviertes en tu aliento exterior. Si continúas así, tu respiración se hará naturalmente más profunda y lenta, más armoniosa y pacífica. No tienes que hacer ningún esfuerzo, sucede naturalmente.

Tercer Ejercicio de Concienciación: Conciencia de tu cuerpo

El tercer ejercicio es tomar conciencia de tu cuerpo mientras respiras. "Inspirando, soy consciente de todo mi cuerpo." Esto lo lleva un paso más allá.

En el primer ejercicio, se hizo consciente de su respiración interna y externa. Debido a que ahora has generado la energía de la atención a través de la respiración consciente, puedes usar esa energía para reconocer tu cuerpo.

"Inspirando, soy consciente de mi cuerpo. Exhalando, soy consciente de mi cuerpo." Sé que mi cuerpo está ahí. Esto devuelve la mente completamente al cuerpo. La mente y el cuerpo se convierten en una sola realidad.

Cuando tu mente está con tu cuerpo, estás bien establecido en el aquí y el ahora. Estás completamente vivo. Puedes estar en contacto con las maravillas de la vida que están disponibles en ti mismo y a tu alrededor.

Este ejercicio es simple, pero el efecto de la unidad del cuerpo y la mente es muy grande. En nuestra vida diaria, rara vez estamos en esa situación.

Nuestro cuerpo está ahí, pero nuestra mente está en otra parte. Nuestra mente puede estar atrapada en el pasado o en el futuro, en los arrepentimientos, la pena, el miedo o la incertidumbre, y por lo tanto nuestra mente no está allí. Alguien puede estar presente en la casa, pero no está realmente allí, su mente no está allí. Su mente está con el futuro, con sus proyectos, y no está ahí para sus hijos o su cónyuge. Tal vez podrías decirle: "¿Hay alguien en casa?" y ayudarle a llevar su mente de vuelta a su cuerpo.

Así que el tercer ejercicio es tomar conciencia de su cuerpo. "Inspirando, soy consciente de mi cuerpo." Cuando practiques la respiración consciente, la calidad de tu respiración interna y externa mejorará. Hay más paz y armonía en tu respiración, y si continúas practicando así, la paz y la armonía penetrarán en el cuerpo, y el cuerpo se beneficiará.

Cuarto Ejercicio de Concienciación: Liberar la tensión

El siguiente ejercicio es liberar la tensión en el cuerpo. Cuando eres realmente consciente de tu cuerpo, notas que hay algo de tensión y dolor en tu cuerpo, algo de estrés. La tensión y el dolor se han estado acumulando durante mucho tiempo y nuestros cuerpos sufren, pero nuestra mente no está ahí para ayudar a liberarla. Por lo tanto, es muy importante aprender a liberar la tensión en el cuerpo. En una posición sentada, acostada o de pie, siempre es posible liberar la tensión. Puedes practicar la relajación total, la relajación profunda, en una posición sentada o acostada. Mientras conduces tu auto, puedes notar la tensión en tu cuerpo. Estás ansioso por llegar y no disfrutas del tiempo que pasas conduciendo. Cuando llega a una luz roja, está ansioso por que la luz roja se convierta en una luz verde para que pueda continuar. Pero la luz roja puede ser una señal. Puede ser un recordatorio de que hay tensión en ti, el estrés de querer llegar lo más rápido posible. Si reconoces eso, puedes hacer uso de la luz roja. Puedes sentarte y relajarte. Toma los diez segundos que la luz roja está en rojo para practicar la respiración consciente y liberar la tensión en el cuerpo.

Así que la próxima vez que te detengas en una luz roja, tal vez quieras sentarte y practicar el cuarto ejercicio: "Inspirando, soy consciente de mi cuerpo. Al exhalar, libero la tensión de mi cuerpo". La paz es posible en ese momento, y puede ser practicada muchas veces al día - en el lugar de trabajo, mientras conduces, mientras cocinas, mientras lavas los platos, mientras riegas el huerto. Siempre es posible practicar la liberación de la tensión en uno mismo.

Quinto ejercicio: Meditación Caminando

Cuando practicas la respiración consciente, simplemente permites que tu respiración tenga lugar. Te haces consciente de ello y lo disfrutas. Sin esfuerzo. Lo mismo ocurre con la caminata consciente. Cada paso es agradable. Cada paso te ayuda a tocar las maravillas de la vida. Cada paso es una alegría. Eso es posible.

No tienes que hacer ningún esfuerzo durante la meditación al caminar, porque es agradable. Estás ahí, cuerpo y mente juntos. Estás completamente vivo, completamente presente en el aquí y el ahora. Con cada paso, tocas las maravillas de la vida que están en ti y a tu alrededor. Cuando caminas así, cada paso trae curación. Cada paso trae paz y alegría, porque cada paso es un milagro.

El verdadero milagro no es volar o caminar sobre el fuego. El verdadero milagro es caminar sobre la Tierra, y puedes realizar ese milagro en cualquier momento. Sólo lleva tu mente a tu cuerpo, cobra vida y realiza el milagro de caminar sobre la Tierra.

memoria de trabajo; estas ganancias cognitivas, a su vez, contribuyen a estrategias efectivas de regulación de las emociones. En apoyo del modelo de Corcoran y otros, las investigaciones indican que la meditación con atención plena se asocia negativamente con la rumia y está directamente relacionada con la regulación efectiva de las emociones (Chambers, Lo, & Allen, 2008; McKim, 2008; Ramel, Goldin, Carmona, & McQuaid, 2004). En particular, se comparó a 20 meditadores novatos no clínicos que participaron en un retiro intensivo de meditación mindfulness de 10 días con un grupo de control en lista de espera sobre tareas de mindfulness, rumiación, afecto y rendimiento para el cambio de atención, la atención sostenida y la memoria de trabajo (Chambers et al., 2008). Después del retiro de meditación, el grupo de meditación tuvo un nivel significativamente mayor de consciencia consciente, menos afecto negativo, menos síntomas depresivos y menos rumia en comparación con el grupo de control. Además, el grupo de meditación tenía una capacidad de memoria de trabajo significativamente mejor y una mayor capacidad para mantener la atención durante una tarea de ejecución en comparación con el grupo de control. No se detectaron diferencias entre los grupos en cuanto a la ansiedad o el afecto positivo autoinformados. La conclusión de Chambers y otros (2008) de que el entrenamiento en atención plena disminuyó la rumia es coherente con las investigaciones realizadas en participantes con trastornos crónicos del estado de ánimo. Ramel y otros (2004) encontraron que los participantes en el entrenamiento de MBSR de 8 semanas tenían una rumiación significativamente menos reflexiva en comparación con: a) las puntuaciones iniciales de rumiación de los participantes, y b) un grupo de control emparejado en edad, género y síntomas depresivos iniciales. Además, las disminuciones en las puntuaciones de rumiación se predijeron significativamente por la cantidad de práctica de meditación de los participantes. En otro estudio, las puntuaciones de rumiación después de una intervención MBSR de 8 semanas se compararon entre una muestra de la comunidad que experimentaba ansiedad, depresión y/o dolor crónico continuos (McKim, 2008). Después del MBSR, los participantes tuvieron puntuaciones significativamente más altas en el auto-reporte de atención y puntuaciones significativamente más bajas en el auto-reporte de rumia, angustia psicológica, depresión, ansiedad y enfermedad física. Las puntuaciones de mindfulness predijeron significativamente la ansiedad, la rumia, los síntomas médicos y la angustia psicológica. Además, la relación entre la atención plena y la depresión se vio significativamente mediada por la disminución de la rumiación.

Un reciente meta-análisis de 39 estudios apoya la eficacia de la terapia basada en la atención plena para reducir los síntomas de la ansiedad y la depresión (Hoffman, Sawyer, Witt, &Oh, 2010).MBSR y la terapia cognitiva basada en la atención plena constituyen la mayoría de las terapias basadas en la atención plena en estos 39 estudios. Para las poblaciones clínicas, el tamaño promedio del efecto de retransmisión fue grande, y se encontró un tamaño de efecto moderado entre las poblaciones no clínicas. En 19 estudios que evaluaron los síntomas depresivos y de ansiedad en seguimientos a largo plazo, se detectaron tamaños de efecto moderado que apoyaban la eficacia de las intervenciones de mindfulness. Hoffman y otros concluyeron que la terapia basada en la atención plena tiene utilidad para los procesos afectivos y cognitivos potencialmente alterados que subyacen a múltiples cuestiones clínicas. Los hallazgos de Hoffman y otros (2010) son coherentes con las pruebas de que la meditación de la atención plena conduce a un aumento de los efectos positivos y a una disminución de la ansiedad y los efectos negativos (Davidson y otros, 2003; Ehrisman y Roemer, 2010; Farb y otros, 2010; Jha, Stanley, Kiyonaga, Wong y Gelfand, 2010; Way, Creswell, Eisenberger y Lieberman, 2010). En un estudio, los participantes asignados aleatoriamente a un grupo de entrenamiento MBSR de 8 semanas fueron comparados con controles de la lista de espera en medidas de autoinforme de depresión, ansiedad y psicopatología y en la reactividad neural medida por imágenes de resonancia magnética funcional (fMRI) después de ver películas tristes (Farb et al., 2010). Los participantes expuestos al MBSR mostraron significativamente menos ansiedad, depresión y angustia somática en relación con el grupo de control (Farb et al., 2010). Además, los datos de la RMNf indicaron que el grupo de MBSR tuvo menos reactividad neural mientras estuvo expuesto a las películas que el grupo de control, y mostraron respuestas neurales distintivamente diferentes mientras veían las películas que antes del entrenamiento de MBSR. Estos hallazgos sugieren que la meditación de la atención plena cambia

CAPÍTULO 12
BENEFICIOS DE LA CONCIENCIA

¿Cómo se puede mejorar la atención al público? Aunque hay varias disciplinas y prácticas que pueden cultivar la atención plena (por ejemplo, el yoga, el tai chi, el qigong; Siegel, 2007b), la mayoría de los escritos teóricos y las investigaciones empíricas sobre el tema se han centrado en la atención plena desarrollada por la meditación de la atención plena. La meditación se refiere a:

Una familia de prácticas de autorregulación que se centran en el entrenamiento de la atención y la conciencia para someter los procesos mentales a un mayor control voluntario y, de ese modo, fomentar el bienestar y el desarrollo mental general y/o capacidades específicas como la calma, la claridad y la concentración (Walsh y Shapiro, 2006, pág. 228).

Si bien una miríada de prácticas de meditación, incluidos los estilos de meditación tibetanos y budistas zen, también cultivan la atención plena, el término meditación de atención plena se suele utilizar como sinónimo de Vipassana, una forma de meditación que deriva del budismo Theravada (Guarantano, 2002; Young, 1997). Vipassana es una palabra pali que significa percepción o conciencia clara y es una práctica diseñada para desarrollar gradualmente la atención plena o la conciencia (Guarantano, 2002).

La atención se cultiva sistemáticamente en la práctica de Vipassana aplicando la atención a las sensaciones corporales, las emociones, los pensamientos y el entorno circundante (Bodhi,

2000; Germer, 2005; Germer y otros, 2005; Guarantano, 2002; Wallace, 2001; Young, 1997). Si bien cabe suponer que todas las prácticas de meditación benefician por igual al practicante, la investigación sugiere de manera bastante intrigante que los diferentes estilos de práctica de la meditación provocan diferentes patrones de actividad cerebral (Cahn y Polich, 2006; Lutz, Dunne y Davidson, 2007; Valentine y Sweet, 1999). Por ejemplo, se ha demostrado que la meditación de atención plena, más que las formas de meditación concentrada (por ejemplo, centrada en un mantra), estimula el cerebro prefrontal medio asociado tanto a la autoobservación como a la metacognición (Cahn y Polich, 2006; Siegel, 2007b) y fomenta mecanismos de atención específicos (Valentine y Sweet, 1999). Con el avance de la tecnología neurológica, los investigadores de la atención plena están examinando los distintos componentes de la meditación de la atención plena, como la atención centrada, la vigilancia abierta (observación de la propia experiencia en cada momento sin juzgarla) y la práctica de la compasión amorosa y sus resultados fisiológicos específicos (Lutz, Slagter, Dunne y Davidson, 2008; Lutz y otros, 2009).

Beneficios empíricos de la atención plena

A medida que se empiezan a acumular pruebas de investigación sobre los resultados positivos de la atención, es posible clasificar estos beneficios en varias dimensiones. Tres dimensiones que son particularmente pertinentes a la psicoterapia se refieren a los beneficios afectivos, interpersonales e intrapersonales de la atención plena. Otro beneficio de la atención plena con apoyo empírico, la empatía, se examinará más adelante en el documento cuando se examine la investigación sobre los terapeutas que practican la meditación de la atención plena. En el cuadro 1 se presentan ejemplos prácticos de intervenciones basadas en la atención plena que podrían utilizarse con los clientes.

Beneficios afectivos

Regulación de las emociones.

Hay pruebas de que la atención plena ayuda a desarrollar una regulación eficaz de las emociones en el cerebro (Corcoran, Farb, Anderson y Segal, 2010; Farb y otros, 2010; Siegel, 2007b).

En cuanto a los mecanismos de cambio propuestos, Corcoran y otros teorizan que la meditación de la atención plena promueve la conciencia metacognitiva, disminuye la rumiación mediante la desconexión de las actividades cognitivas persistentes y mejora las capacidades de atención mediante el aumento de la capacidad de los individuos para emplear estrategias de regulación de las emociones que les permitan experimentarlas de forma selectiva, y que las emociones que experimentan puedan ser procesadas de forma diferente en el cerebro (Farb et al., 2010; Williams, 2010).

En un estudio de la atención a los rasgos, Way y otros (2010) investigaron las relaciones entre la atención a los rasgos, los síntomas depresivos y la actividad neuronal en una muestra no clínica de adultos. Se determinó que el rasgo de atención plena estaba inversamente relacionado con la actividad de la amígdala cuando los participantes estaban en estado de reposo; la actividad de la amígdala se asociaba además con los síntomas depresivos. Este estudio apoya el hecho de que la atención a los rasgos puede alterar la actividad inicial de la amígdala, de modo que cumple una función preventiva o amortiguadora en el estado de ánimo depresivo.

Erisman y Roemer (2010) llevaron a cabo un estudio en el que los participantes de un grupo experimental fueron expuestos a una breve intervención de mindfulness y luego vieron clips de películas que contenían afectos positivos o afectos mixtos. En comparación con un grupo de control, los participantes del grupo experimental reportaron más emociones positivas después de ver los clips de película que contenían afectos positivos y reportaron menos emociones negativas después de ver clips de película con afectos mixtos. Jha y otros (2010) examinaron la capacidad de memoria de trabajo y la experiencia emocional de un grupo militar que participó en un entrenamiento de atención plena de ocho semanas, un grupo militar que no meditaba y civiles; ambos grupos militares se encontraban en un período de redespliegue muy estresante. El grupo militar que no meditaba mostró una capacidad de memoria de trabajo disminuida a lo largo del tiempo, mientras que la capacidad de memoria de trabajo entre los civiles que no meditaban se mantuvo estable a lo largo del tiempo. En el grupo militar de meditación, la capacidad de memoria de trabajo aumentó en proporción a la cantidad real de práctica de la meditación. Además, la práctica de la meditación estaba directamente relacionada con el afecto positivo autoinformado y de forma inversa con el afecto negativo autoinformado. La capacidad de memoria de trabajo medió la relación entre el tiempo de práctica de la meditación y el afecto negativo. Estas conclusiones sugieren que una práctica adecuada de meditación con atención plena puede mejorar la capacidad de la memoria de trabajo, de manera similar a los resultados obtenidos por Chambers y otros (2008), promoviendo así la regulación efectiva de las emociones durante los períodos de estrés, cuando de otra manera la memoria de trabajo podría disminuir. Así pues, las investigaciones indican que la meditación puede suscitar emociones positivas, reducir al mínimo los efectos negativos y la rumia, y permitir una regulación eficaz de las emociones. Incluso ocho semanas de práctica de la meditación de atención plena pueden alterar la forma en que se regulan y procesan las emociones en el cerebro (Williams, 2010). La regulación de las emociones tiene un apoyo empírico tan fuerte como beneficio de la meditación mindfulness que recientemente se acuñó el término "regulación de las emociones mindful" para referirse a "la capacidad de permanecer consciente en todo momento, independientemente de la aparente valencia o magnitud de cualquier emoción que se experimente" (Chambers, Gullone y Allen, 2009, pág. 569).

Disminución de la reactividad y aumento de la flexibilidad de respuesta.

Las investigaciones han demostrado que la meditación con atención plena permite a las personas ser menos reactivas (Cahn y Polich, 2009; Goldin y Gross, 2010; Ortner, Kiner y Zelazo, 2007; Siegel, 2007a, 2007b) y tener una mayor flexibilidad cognitiva (Moore y Malinowski, 2009; Siegel, 2007a, 2007b). Las pruebas indican que los meditadores de la atención plena desarrollan la habilidad de la autoobservación que libera neurológicamente las vías automáticas creadas a partir del aprendizaje previo y permite que la información del momento presente se integre de una nueva manera (Siegel, 2007a). La meditación activa regiones del cerebro asociadas con una respuesta más adaptable a situaciones estresantes o negativas (Cahn y Polich, 2006; Davidson y otros, 2003). La activación de esta región del cerebro se corresponde con una recuperación más rápida a la línea de base después de haber sido provocada negativamente (Davidson, 2000; Davidson, Jackson y Kalin, 2000).

Moore y Malinowski (2009) compararon un grupo de meditadores experimentados de atención plena con un grupo de control que no tenía experiencia en la meditación sobre medidas que evaluaban su capacidad para centrar la atención y suprimir la información que distrae. El grupo de meditación tuvo un rendimiento significativamente mejor en todas las medidas de atención y tuvo un mayor grado de consciencia consciente autoinformada. La práctica de la meditación mindfulness y la mindfulness autoinformada se correlacionaron directamente con la flexibilidad cognitiva y el funcionamiento atencional.

En otro estudio, las personas con un mes a 29 años de experiencia en la práctica de la meditación de la atención plena vieron imágenes agradables, desagradables y neutras y luego se midieron sus tiempos de reacción para categorizar los tonos como cortos o largos (Ortner et al., 2007). Se pensaba que el tiempo de reacción representaba una interferencia emocional en la tarea de categorización. La experiencia de la meditación estaba inversamente relacionada con la interferencia emocional al ver imágenes desagradables. Ortner y otros sugieren que la práctica de la meditación de la atención plena puede ayudar a las personas a liberarse de los estímulos emocionalmente perturbadores, permitiendo que la atención se centre en la tarea cognitiva en cuestión. En un estudio de seguimiento, los participantes fueron asignados a un entrenamiento de 7 semanas en meditación mindfulness, meditación de relajación o a un grupo de control en lista de espera. El grupo de meditación mindfulness mostró menos interferencias emocionales en respuesta a las imágenes desagradables que los otros grupos. Los hallazgos de Ortner y otros apoyan la noción de que la meditación mindfulness disminuye la reactividad emocional.

Además, Cahn y Polich (2009) evaluaron las reacciones de los meditadores de atención plena muy experimentados ante los estímulos de distracción. Los resultados revelaron que, mientras estaban en estado meditativo, los practicantes mostraban una reactividad emocional y cognitiva mínima ante los estímulos de distracción. Estos hallazgos apoyan la noción de que la meditación de la atención plena contribuye a la disminución de la reactividad.

Un estudio reciente investigó los efectos de la capacitación en MBSR sobre la reactividad emocional y la regulación de las creencias negativas en uno mismo entre los adultos con trastorno de ansiedad social (Goldin & Gross, 2010). Los participantes completaron dos tareas de atención antes y después de participar en el entrenamiento MBSR de 8 semanas. En las pruebas de repaso, los participantes mostraron niveles más bajos de emoción negativa, disminución de la actividad de la amígdala y aumento de los niveles de actividad en las áreas del cerebro asociadas con el despliegue de la atención.

Beneficios interpersonales

La cuestión de cómo afecta la atención plena al comportamiento interpersonal ha sido abordada recientemente por estudiosos que han tratado conceptos como la relación plena (Wachs y Cordova, 2007), la respuesta plena en la pareja (Block-Lerner,

Adair, Plumb, Rhatigan y Orsillo, 2007) y la mejora de la relación basada en la atención plena (MBRE) (Carson, Carson, Gil y Baucom, 2006). Las pruebas indican que el rasgo mindfulness predice la satisfacción en las relaciones, la capacidad de responder de forma constructiva al estrés en las relaciones, la habilidad para identificar y comunicar las emociones a la pareja, la cantidad de conflictos en las relaciones, la negatividad y la empatía (Barnes, Brown, Kruse mark, Campbell y Rogge, 2007; Wachs y Cordova, 2007). Barnes y otros concluyeron que las personas con mayor atención a los rasgos informaron de menos estrés emocional en respuesta a los conflictos en las relaciones y entraron en el debate sobre los conflictos con menos ira y ansiedad. Las pruebas demuestran que la atención plena está inversamente correlacionada con el contagio de la angustia y directamente correlacionada con la capacidad de actuar con conciencia en situaciones sociales (Dekeyser, Raes, Leijssen, Leyson y Dewulf, 2008). Así pues, las pruebas empíricas sugieren que la atención plena protege contra los efectos emocionalmente estresantes de los conflictos en las relaciones (Barnes et al., 2007), se asocia positivamente con la capacidad de expresarse en diversas situaciones sociales (Dekeyser el al., 2008) y predice la satisfacción en las relaciones (Barnes et al., 2007; Wachs & Cordova, 2007). Dado que la relación terapéutica es emocionalmente íntima, potencialmente conflictiva e intrínsecamente interpersonal, la atención a los rasgos de los terapeutas puede ayudar a su capacidad de cultivar y mantener relaciones exitosas con los clientes.

Otros beneficios intrapersonales

Además de los beneficios afectivos e interpersonales identificados más arriba, se ha demostrado que la atención consciente mejora las funciones asociadas a la zona del lóbulo prefrontal medio del cerebro, como la autoconciencia, la moralidad, la intuición y la modulación del miedo (Siegel, 2007b, 2009). También hay pruebas de que la meditación de la atención plena tiene numerosos beneficios para la salud, incluido el aumento del funcionamiento inmunológico (Davidson y otros, 2003; véase Grossman, Niemann, Schmidt y Walach, 2004 para un examen de los beneficios para la salud física). Se ha demostrado que la meditación de la atención plena mejora el bienestar (Carmody y Baer, 2008) y reduce la angustia psicológica (Coffey y Hartman, 2008; Ostafin y otros, 2006). La neuroplasticidad -el recableado que se produce en el cerebro como resultado de la experiencia- explica ahora cómo la práctica regular de la meditación de la atención plena altera la estructura física y el funcionamiento del cerebro (Davidson y otros, 2003; Lazar y otros, 2005; Siegel, 2007a; Vestergaard-Poulsen y otros, 2009). Los cambios en la estructura del cerebro incluyen regiones cerebrales más gruesas asociadas con la atención, el procesamiento sensorial y la sensibilidad a los estímulos internos (Lazar et al., 2005), distintas concentraciones de materia gris (Hölzel et al., 2008) y tallos cerebrales más gruesos, que pueden explicar los beneficios cognitivos, emocionales y de reacción inmunológica positivos (Vestergaard-Poulsen et al., 2009). Las investigaciones sugieren que los estados que se experimentan durante la meditación de atención plena pueden convertirse con el tiempo en rasgos sin esfuerzo (Farb et al., 2007; Siegel, 2007a). Así pues, cuanto más tiempo practiquen los terapeutas la meditación de la atención plena, más se podrán beneficiar de sus efectos. Otros beneficios de la práctica de la meditación de la atención plena son el aumento de la velocidad de procesamiento de la información (Moore y Malinowski, 2009), la disminución del esfuerzo en las tareas (Lutz y otros, 2009) y la disminución de los pensamientos no relacionados con la tarea que se está realizando (Lutz y otros, 2009). En particular, la investigación de Lutz y otros implica que, debido al aumento de las habilidades de atención y a la mayor capacidad para manejar las distracciones, los terapeutas que practican la meditación mindfulness pueden tener una mayor capacidad para estar presentes para sus clientes.

Efectos de la meditación en los terapeutas y en los aprendices de terapeutas

Si bien la literatura sobre los beneficios de aplicar los enfoques de la atención plena a los clientes de la psicoterapia es vasta (véanse los exámenes de Didonna, 2009, y Baer, 2006), poco a poco están surgiendo investigaciones sobre los efectos de la atención plena en los psicoterapeutas. A continuación se examinará y sintetizará este conjunto de publicaciones.

Empatía

La meditación de la atención plena se ha teorizado sistemáticamente para promover la empatía (Anderson, 2005; Fulton, 2005; Martin, 1997; Morgan & Morgan, 2005; Shapiro & Izett, 2008; Walsh & Shapiro, 2006), y en la actualidad se están acumulando investigaciones que utilizan diversos métodos en apoyo de esta premisa. En un estudio interno sobre meditación y empatía, los consejeros en formación demostraron un aumento de la empatía después de participar en un entrenamiento de meditación Zen de 4 semanas (Lesh, 1970). En un experimento entre grupos, los estudiantes de premedicina y medicina que participaron en un entrenamiento MBSR de 8 semanas tuvieron una empatía significativamente mayor auto-reportada que un grupo de control (Shapiro, Schwartz, & Bonner, 1998). Un estudio cualitativo (Aiken, 2006) de terapeutas que eran meditadores experimentados encontró que creían que la meditación de atención plena ayudaba a desarrollar empatía hacia los clientes. En particular, se realizaron entrevistas con seis psicoterapeutas que tenían más de 10 años de experiencia en la práctica de la terapia y la meditación mindfulness. Temas consistentes de los datos indicaron que la atención plena ayuda a los terapeutas: a desarrollar su capacidad de experimentar y comunicar un sentido de las experiencias internas de los clientes; a ser más presentar el sufrimiento de los clientes; y ayudar a los clientes a expresar sus sensaciones y sentimientos corporales. Por último, en términos similares, Wang (2007) utilizó un diseño pasivo y descubrió que los terapeutas que eran meditadores experimentados de la atención plena obtenían una puntuación más alta en las medidas de empatía autodeclarada que los terapeutas que no meditaban.

Compasión

 Además de la empatía, una segunda característica del terapeuta que parece derivar de la meditación es la compasión. Por ejemplo, se ha descubierto que la formación en MBSR aumenta la autocompasión en los profesionales de la salud (Shapiro, Astin, Bishop y Cordova, 2005) y en los terapeutas en formación (Shapiro, Brown y Biegel, 2007). Kingsbury (2009) investigó el papel de la autocompasión en relación con la atención. Dos componentes de la atención plena, no juzgar y no reaccionar, estaban fuertemente correlacionados con la autocompasión, y dos dimensiones de la empatía, asumir las perspectivas de los demás (es decir, tomar perspectivas) y reaccionar a las experiencias afectivas de los demás con incomodidad. La autocompasión mediaba plenamente la relación entre la toma de perspectiva y la atención.

Habilidades de asesoramiento

La literatura empírica demuestra ahora que la inclusión de intervenciones de atención plena en la formación de psicoterapeutas puede contribuir al desarrollo de aptitudes que repercuten en la eficacia de los alumnos como terapeutas. En un estudio cualitativo de cuatro años, los estudiantes de orientación informaron de considerables efectos positivos en sus habilidades de orientación y en sus relaciones terapéuticas, entre ellos estar más atentos al proceso de la terapia, sentirse más cómodos con el silencio y estar más en sintonía con uno mismo y con los clientes, después de tomar un curso de 15 semanas que incluía la meditación mindfulness (Newsome, Christopher, Dahlen, & Christopher, 2006; Schure, Christopher, & Christopher, 2008). Los consejeros en formación que han participado en intervenciones similares basadas en la atención plena han informado de aumentos significativos en la conciencia de sí mismos, en la comprensión de su identidad profesional (Birnbaum, 2008) y en el bienestar general (Rybak y Russell-Chapin, 1998).

Disminución del estrés y la ansiedad

Las investigaciones han descubierto que los estudiantes de premedicina y medicina reportan menos síntomas de ansiedad y depresión después de un entrenamiento MBSR de 8 semanas en comparación con un grupo de control en lista de espera (Shapiro et al., 1998). El grupo de control evidenció ganancias similares después de la exposición al entrenamiento MBSR. De manera similar, después de la capacitación en MBSR, los estudiantes de terapeutas han informado una disminución del estrés, la rumia y los efectos negativos (Shapiro et al., 2007). Además, cuando se compara con un grupo de control, se ha demostrado que el MBSR disminuye los trastornos totales del estado de ánimo, incluidos el estrés, la ansiedad y la fatiga en los estudiantes de medicina (Rosen Zweig, Reibel, Greeson, Brainard y Hojat, 2003). Utilizando medidas cualitativas y cuantitativas, los estudiantes de enfermería informaron de una mejor calidad de vida y una disminución significativa de los síntomas psicológicos negativos tras la exposición al MBSR

(Bruce, Young, Turner, Vander Wal y Linden, 2002). Las pruebas recientes de un estudio de los estudiantes de orientación expuestos a la capacitación en atención interpersonal sugieren que esas intervenciones pueden fomentar la inteligencia emocional y la conexión social, y reducir el estrés y la ansiedad (Cohen y Miller, 2009). De manera similar, en un estudio de estudiantes universitarios chinos, los estudiantes que fueron asignados al azar a una intervención de meditación de la atención plena interpersonal tuvieron menos depresión y ansiedad, así como menos fatiga, ira y cortisol relacionado con el estrés en comparación con un grupo de control (Tang y otros, 2007). Estos mismos estudiantes evidenciaron mayor atención, autorregulación e inmunorreactividad. Waelde y otros (2008) evaluaron los cambios en los síntomas de la depresión, la ansiedad y el trastorno de estrés postraumático entre los trabajadores de salud mental de Nueva Orleans después de una intervención de meditación de ocho semanas que comenzó 10 semanas después del huracán Katrina. Aunque no se encontraron cambios en los síntomas de la depresión, los síntomas del estrés postraumático y la ansiedad disminuyeron significativamente después de la intervención de 8 semanas. Los resultados sugieren que la meditación puede servir de amortiguador para los trabajadores de salud mental después de un desastre.

CAPÍTULO 13
OTROS BENEFICIOS DE LA ATENCIÓN PLENA PARA LOS TERAPEUTAS

Hasta la fecha, un estudio ha investigado la relación entre la atención y la autoeficacia del asesoramiento. Greason and Cash well (2009) encontró que la autoeficacia en la orientación se predecía significativamente por la autodeclaración de la atención plena entre los pasantes de maestría y los estudiantes de doctorado. En ese estudio, la atención mediaba la relación entre la atención plena y la autoeficacia, sugiriendo que la atención plena puede contribuir al desarrollo de procesos atencionales beneficiosos que ayudan a los psicoterapeutas en su formación (Greason & Cash well, 2009). Dreifuss (1990) entrevistó a seis terapeutas, que practicaban uno de los tres estilos de meditación mindfulness (Vipassana,

Zen, y Vajrayana) durante más de cinco años para examinar la influencia de su práctica de la meditación en su trabajo como terapeutas. Los resultados sugirieron que la práctica de la meditación de atención plena a largo plazo puede impactar positivamente en la capacidad de los terapeutas para distinguir su propia experiencia de la de sus clientes, puede enriquecer la claridad de los terapeutas en su trabajo con los clientes, y puede ayudar a desarrollar la autoconciencia de los terapeutas. Otros posibles beneficios de la atención plena son el aumento de la paciencia, la intencionalidad, la gratitud y la conciencia corporal (Rothaupt y Morgan, 2007).

Resultados en los clientes de los terapeutas que meditan

Si bien la investigación examinada anteriormente apunta con bastante claridad a la conclusión de que la meditación con atención plena ofrece numerosos beneficios a los terapeutas y a los aprendices, ¿se traducen esos beneficios en resultados del tratamiento de psicoterapia? Hasta la fecha, sólo un estudio proporciona evidencia. En un estudio realizado en Alemania, los aprendices de consejeros asignados al azar que practicaron la meditación Zen durante nueve semanas informaron de una mayor conciencia de sí mismos en comparación con los aprendices de consejeros no meditadores (Grepmair et al., 2007). Lo que es más importante es que, después de nueve semanas de tratamiento, los clientes de los aprendices que meditaron mostraron mayores reducciones de los síntomas generales, tasas de cambio más rápidas, obtuvieron una puntuación más alta en las medidas de bienestar y percibieron que su tratamiento era más eficaz que los clientes de los aprendices no meditadores.

A pesar de estos resultados prometedores, otros tres estudios sugieren que la relación entre la atención de los aprendices de consejeros y los resultados de los clientes no es tan alentadora. Stanley y otros (2006) estudiaron la relación entre la atención a los rasgos entre 23 estudiantes de psicología clínica de nivel doctoral en relación con los resultados del tratamiento de 144 clientes adultos en una clínica comunitaria universitaria que utilizaba tratamientos manuales con apoyo empírico. Contrariamente a lo que se esperaba, la atención del terapeuta estaba inversamente correlacionada con los resultados de los clientes. Esto concuerda con otras conclusiones que sugieren que existe una relación inversa entre la atención del terapeuta y los resultados de los clientes (Bruce, 2006; Vinca & Hayes, 2007). Otras investigaciones sugieren que no existe una relación entre la atención del terapeuta y los resultados de la terapia (Stratton, 2006).

Una de las dificultades de este pequeño conjunto de investigaciones se refiere a la exactitud de la atención prestada por el terapeuta, que se informa a sí mismo. Podría ser que las personas más atentas probablemente obtengan una puntuación más baja en una medida de atención prestada por el mismo terapeuta porque son conscientes del grado de falta de atención que tienen. Por el contrario, las personas menos atentas pueden no darse cuenta y, por lo tanto, pueden inclinarse a calificarse más alto en esas medidas. Además, cabe señalar que en el único estudio con resultados positivos en cuanto a los resultados (Grepmair y otros, 2007), los participantes se dedicaron a la práctica de la meditación en lugar de limitarse a informar sobre su estado de consciencia. En los estudios con resultados negativos o nulos, no se indicó si los participantes habían practicado alguna vez la meditación real. Por lo tanto, puede ser que la meditación sea un mejor predictor de que la práctica de la atención plena autodeclarada (véase Grossman, 2008, para un resumen exhaustivo de las limitaciones de la investigación sobre la atención plena).

Otras implicaciones

Relaciones con apoyo empírico

Muchos estudiosos han propuesto que el desarrollo de habilidades y cualidades en los terapeutas que practican la meditación de atención plena fortalecerá la relación terapéutica (Germer y otros, 2005; Hick y Bien, 2008; Shapiro y Carlson, 2009). Las investigaciones futuras podrían abordar de manera provechosa la forma en que la atención plena de los terapeutas contribuye a factores críticos de la relación, como la formación y el sustento de la alianza de trabajo, la gestión de la contratransferencia y la prestación de una atención incondicional a los clientes difíciles (Norcross, 2002). Por ejemplo, en un estudio (Wexler, 2006) se comprobó que las percepciones tanto del cliente como del terapeuta sobre la alianza de trabajo estaban relacionadas positivamente con la atención prestada por el propio terapeuta. Sin embargo, en otro estudio, la relación entre la atención plena y la alianza de trabajo no era significativa (Bruce, 2006). Una vez más, podría ser que la práctica de la meditación sea un mejor predictor de la alianza de trabajo que la consciencia informada por el mismo terapeuta, aunque esto espera un estudio más profundo. Con respecto a la gestión de la contratransferencia, es plausible que la falta de reactividad y la flexibilidad cognitiva fomentada por la atención plena ayude a los terapeutas a responder con mayor libertad y menos defensiva a sus clientes (Gelso y Hayes, 2007). Hasta la fecha, un estudio ha investigado la atención plena y la contratransferencia. Kholooci (2008) examinó la relación entre la consciencia consciente autodeclarada y la conciencia de los terapeutas de la contratransferencia. Kholooci encontró una importante relación inversa entre la atención plena y la conciencia de la contratransferencia, de manera que cuanto más atentos se percibían los terapeutas, menos conscientes eran de su contratransferencia.

En conclusión, si bien los beneficios para la salud psicológica y física de la meditación de la atención plena están firmemente respaldados por la investigación, sigue sin estar clara la forma en que la práctica de la meditación de la atención plena de los terapeutas y la atención plena de los terapeutas se traducen en resultados mensurables en la psicoterapia. Se necesitan investigaciones futuras para examinar las relaciones entre la práctica de la meditación de la atención plena de los terapeutas, la práctica habitual de la meditación de la atención plena de los terapeutas y los factores comunes que se sabe que contribuyen al resultado satisfactorio del tratamiento. De este modo se fomentará la comprensión de cómo la meditación de la atención plena puede mejorar las habilidades de comunicación y de creación de relaciones en el contexto de la psicoterapia.

Práctica y supervisión clínica

Germer y otros (2005) propusieron que la atención plena puede integrarse en la psicoterapia por tres medios: la atención plena del terapeuta (la propia práctica de meditación del terapeuta para ser más "atento" y estar presente con los clientes), la psicoterapia informada por la atención plena (es decir, la aplicación de la psicología budista y la teoría de la atención plena al trabajo clínico), y la psicoterapia basada en la atención plena (la enseñanza de habilidades a los clientes mediante la aplicación de prácticas de atención plena). Davis (2010) ha propuesto que la meditación mindfulness también beneficiaría a la supervisión clínica al aumentar la presencia de los supervisores a sus supervisados y permitirles ser menos reactivos a la "ansiedad" de los supervisados. Amplía lo expuesto por Germer y otros (2005) y Davis (2010) y ofrece ejemplos prácticos y medios para integrar la atención plena en la psicoterapia. El viejo adagio de que las personas pueden guiar a otra persona por un camino sólo en la medida en que ellas mismas se hayan aventurado también se aplica a los terapeutas que integran la atención plena en la psicoterapia y en la supervisión clínica (Davis, 2010). La introducción de los enfoques de la atención plena en la psicoterapia requiere que nosotros mismos nos dediquemos a la práctica de la atención plena como psicoterapeutas (Hick, 2008). Recientemente se ha propuesto que los terapeutas que introducen Las intervenciones de mindfulness con los clientes pueden resultar útiles para explicar la mindfulness en términos de atención, evitando la jerga que puede tener efectos negativos no deseados en los clientes (Carmody, 2009).

Implicaciones de la capacitación

La atención como una habilidad metacognitiva se ha propuesto como un componente necesario del entrenamiento en psicoterapia (Bruce, Manber, Shapiro, & Constantino, 2010; Fauth, Gates, Vinca,

Boles, & Hayes, 2007; Vinca, 2009). A medida que las investigaciones sobre la atención de los terapeutas continúan surgiendo, si la atención de los terapeutas demuestra una relación significativa con resultados mensurables en la relación terapéutica y los resultados del tratamiento, la capacitación en psicoterapia podría incluir la formación en atención. Dado el impulso hacia la educación, la formación y la acreditación basadas en los resultados, tal como se miden con los puntos de referencia de la formación y la adquisición de competencias (Kaslow et al., 2002), tal vez la atención plena podría medirse en los programas de formación como una competencia específica necesaria. Se necesita apoyo en materia de investigación para influir en los cambios de política y en los requisitos de los programas de capacitación en psicoterapia. Dado que la meditación de la atención plena es un medio para desarrollar la atención plena, tanto la educación de los consejeros como los programas de educación continua podrían ofrecer beneficiosamente la formación en meditación de la atención plena.

CAPÍTULO 14
SIMILARES

La ACT, la terapia de comportamiento dialéctico (DBT), la psicoterapia analítica funcional (FAP), la terapia cognitiva basada en la atención plena (MBCT) y otros enfoques basados en la aceptación y la atención plena se agrupan comúnmente bajo el nombre de "la tercera ola de terapia cognitiva conductual". La primera ola, la terapia de comportamiento, comenzó en los años 20 basada en el condicionamiento clásico de Pavlov (respondent) y el condicionamiento operante que se correlacionaba con el refuerzo de las consecuencias. La segunda ola surgió en la década de 1970 e incluía la cognición en forma de creencias irracionales, actitudes disfuncionales o atribuciones genéticas depresivas. A finales de los años 80, las limitaciones empíricas y los recelos filosóficos de la segunda ola dieron lugar a la teoría del ACT de Steven Hayes, que modificó el enfoque del comportamiento anormal alejándolo del contenido o la forma hacia el contexto en el que se produce. La investigación del ACT ha sugerido que muchas de las defensas emocionales que los individuos usan con convicción para tratar de resolver sus problemas, en realidad enredan a los humanos en un mayor sufrimiento. Las ideas rígidas sobre sí mismos, la falta de atención a lo que es importante en su vida y la lucha por cambiar las sensaciones, sentimientos o pensamientos que son problemáticos sólo sirven para crear mayor angustia.

Steven C. Hayes describió a este grupo en su discurso de presidente del ABCT de la siguiente manera:

Basada en un enfoque empírico y centrado en los principios, la tercera ola de la terapia conductual y cognitiva es particularmente sensible al contexto y las funciones de los fenómenos psicológicos, no sólo a su forma, y por lo tanto tiende a hacer hincapié en las estrategias de cambio contextuales y experienciales, además de otras más directas y didácticas. Estos tratamientos tienden a buscar la construcción de repertorios amplios, flexibles y eficaces sobre un enfoque de eliminación de problemas estrechamente definidos, y a hacer hincapié en la pertinencia de las cuestiones que examinan tanto para los clínicos como para los clientes. La tercera ola reformula y sintetiza las generaciones anteriores de terapia conductual y cognitiva y las lleva a cuestiones, asuntos y dominios que antes eran abordados principalmente por otras tradiciones, con la esperanza de mejorar tanto la comprensión como los resultados.

La ACT también ha sido adaptada para crear una versión no terapéutica de los mismos procesos llamada Entrenamiento de Aceptación y Compromiso. Este proceso de formación, orientado al desarrollo de la atención, la aceptación y las aptitudes valoradas en entornos no clínicos como empresas o escuelas, también se ha investigado en un puñado de estudios de investigación con buenos resultados preliminares. Esto es algo similar al movimiento de gestión de la conciencia en los programas de formación empresarial, en los que se emplean técnicas de mindfulness y de cambio cognitivo.

El énfasis de la ACT en la conciencia continua del momento presente, las direcciones valoradas y la acción comprometida es similar a otros enfoques psicoterapéuticos que, a diferencia de la ACT, no están tan enfocados en la investigación de resultados o vinculados conscientemente a un programa básico de ciencias del comportamiento, incluyendo enfoques como la terapia Gestalt, la terapia Morita y el Diálogo de Voz, IFS y otros. Wilson, Hayes & Byrd exploran con detenimiento las compatibilidades entre el ACT y el tratamiento de 12 pasos de las adicciones y argumentan que, a diferencia de la mayoría de las otras psicoterapias, ambos enfoques pueden ser integrados implícita o explícitamente debido a sus amplios puntos en común. Ambos enfoques respaldan la aceptación como una alternativa al control improductivo. El ACT hace hincapié en la desesperanza que supone confiar en estrategias ineficaces para controlar la experiencia privada; de manera similar, el enfoque de 12 pasos hace hincapié en la aceptación de la impotencia frente a la adicción. Ambos enfoques fomentan una amplia orientación de la vida, en lugar de un enfoque limitado a la eliminación del consumo de sustancias, y ambos dan gran valor al proyecto a largo plazo de construir una vida significativa alineada con los valores de los clientes. Tanto ACT como 12-step fomentan la utilidad pragmática de cultivar un sentido trascendente del yo (poder superior) dentro de una espiritualidad no convencional e individualizada. Finalmente, ambos aceptan abiertamente la paradoja de que la aceptación es una condición necesaria para el cambio y ambos fomentan una conciencia lúdica de las limitaciones del pensamiento humano.

Lightning Source UK Ltd.
Milton Keynes UK
UKHW022019180121
377284UK00003B/573